ベトナム戦争
匿されし50年の検証

―『本多勝一のベトナム』を行く―

本田雅和

プロローグ

本書は筆者が前職の『朝日新聞』記者としても、そしてニュース週刊誌『週刊金曜日』編集部の記者としても、長年の間、ジャーナリストの「先達」として敬愛してきた本多勝一（92歳＝２０２５年1月1日時点）が、その戦場ルポルタージュの手法を確立した「ベトナムの現場」を半世紀後に改めて歩き回り、『週刊金曜日』に全12回にわたって報告した連載記事「『本多勝一のベトナム』を行く」に加筆し、再編集したものである。

本企画は『週刊金曜日』創刊30周年事業として位置付けられ、発足したばかりの同誌「サポーターズ制度」によって多くの読者の支持と支援を受け、渡航費・取材費の補助を得られたからこそ実現できたと言える。今の日本社会では得難い読者層の皆さんはじめ、２０２４年夏当時の文聖姫《ムンソンヒ》編集長、吉田亮子副編集長の理解と推薦はもちろんのこと、企画から実際の連載掲載までのデスク作業や実務のほぼすべてを休日返上で担ってくれた小林和子前編集長や仲間の編集部員らが、以下の認識を共有して支えてくれたことが何よりも、この使命を完遂できた背景にはある。感謝に堪えない。

つまりそれは、今のイスラエルによるパレスチナ・ガザへの支配と侵略、ロシアによるウクライナへの侵略と歴史の捏造、アメリカ合州国によるラテン・アメリカやアジア・アフリカ・中東への帝国主義・植民地主義の世界戦略による支配構造と同じものを、米仏日の列強のベトナム支配と人民の抵抗に実感し、同じ厳しい批判の眼を向け続けてくれたことだ。そしてそれは、１９４５年8月以降の日本の戦後社会の反戦・民主主義運動の本質が、75年4月のサイゴン（ホーチミン市）解放後のベトナム社会の民主主義の模索との比較の中で、問われている、ということである。それはすなわち、戦後の「平和憲法」と言われる9条の理念

＝非武装・非暴力抵抗の実態と実践が「ほんもの」かどうかが、問われているということである。

連載は、いわゆるベトナム戦争終結のための１９７３年1月のパリ和平協定、同年3月の米軍撤退から50年の節目の年の２０２３年11月３日発刊の創刊30周年記念号に始まり、最終回掲載号の２０２４年３月22日号まで4カ月半、続いた。

それに先立ち私は、半世紀前に本多が取材したベトナムを往復縦断し、本多から取材を受けた人たちを探し回った。全土を戦場にされながらも世界最強のアメリカ軍を追い出し、民族の独立と祖国統一を勝ち取ったベトナムの人々との出会いは、私の思想を鍛えてくれた。そのベトナムは今、国家としては「社会主義」を掲げつつ、経済的には80年代から「市場経済」を導入、試行錯誤を続けている。いまだ癒えない戦争の傷を抱えながら、個の自由＝表現の自由や言論・報道の自由にどう対処してきたかも含め、〝戦後〟社会の「光」と「影」についても考えたい。今後に残されたベトナムや世界人民の課題、ジャーナリズムの宿題については、改めてエピローグで論及、問題提起するつもりだ。（文中年齢はことわりのない限り取材時点のものとします。また敬称は略させていただきます。）


２０２４年5月、パレスチナ・ガザでのハマースの停戦提案に対し、イスラエルの拒否が伝えられた日に横浜にて記す

本田雅和

謝辞　今回の現地取材においては、ベトナム語通訳の鈴木勝比古・元『赤旗』ハノイ特派員と、ベトナム戦争を考える市民の旅を企画してきた富士国際旅行社・太田正一社長に多大の協力、尽力をいただいたことに、改めて感謝と敬意を記します。

ベトナム戦争　匿されし50年の検証　目次

プロローグ 3

1 ソンミ虐殺 9
死体の山から這い出た少年は生きていた

2 「命懸けても守るものとは?」 27
なぜアメリカに勝てたのか? 闘った女たちの証言

3 血塗られたアオザイの証言 39
戦乱に打ち勝った戦場の恋

4 今もひろがるダイオキシン災害 53
ブーメラン被害の米兵だけ救済する米国

5 写真による戦争犯罪告発 65
中村梧郎が語る 〝枯葉剤被害の今〟

6 野戦病院と山岳の民
若き軍医の最期の現場へ 77

7 山の土地を追われて広がる格差
少数民族の「戦後」 95

8 船長たちの恋と闘い
「海のホーチミン・ルート」を担った「ふつうの英雄」たち 109

9 ハノイの共産党員の家に生まれて
—在日25年、チャン・ティ・ヒエンさんの目
ドイモイの光と影 123

10 ベトナム人民にとって「社会主義」とは何だったのか？
古田元夫・日越大学学長との対話 149

11　「貧しさを分かちあう社会主義」から「豊かになれる者から豊かになる」へ——163
ベトナム式「社会主義」の模索

エピローグ　ベトナムへの旅の原点　178

1

ソンミ虐殺
死体の山から這い出た少年は生きていた

ベトナム戦争とは何だったのか？　アメリカ合州国は1万数千キロも離れたアジアの小国を侵略し、指導者のホーチミンが共産主義者だというだけで独自の「ドミノ理論」にとらわれて住民を虐殺し、村々を焼き尽くし、枯葉剤で森林を丸裸にし、その後遺症に人々は世代を超えて今なお苦しむ。その米軍の蛮行の象徴として世界を震撼させたのが「ソンミ村虐殺事件」――その現場を『朝日新聞』記者だった本多勝一は事件から7年後の１９７５年7月、石川文洋カメラマンとともに訪れ、生存者３人に4時間に及ぶ詳細なインタビューをしている。半世紀を経て、本多が取材した人々の多くは亡くなっていたが、筆者は生存者の一人を探し出し、話を聞くことができた。本多の取材当時12歳だった少年は確かに生きていた。しかし……。

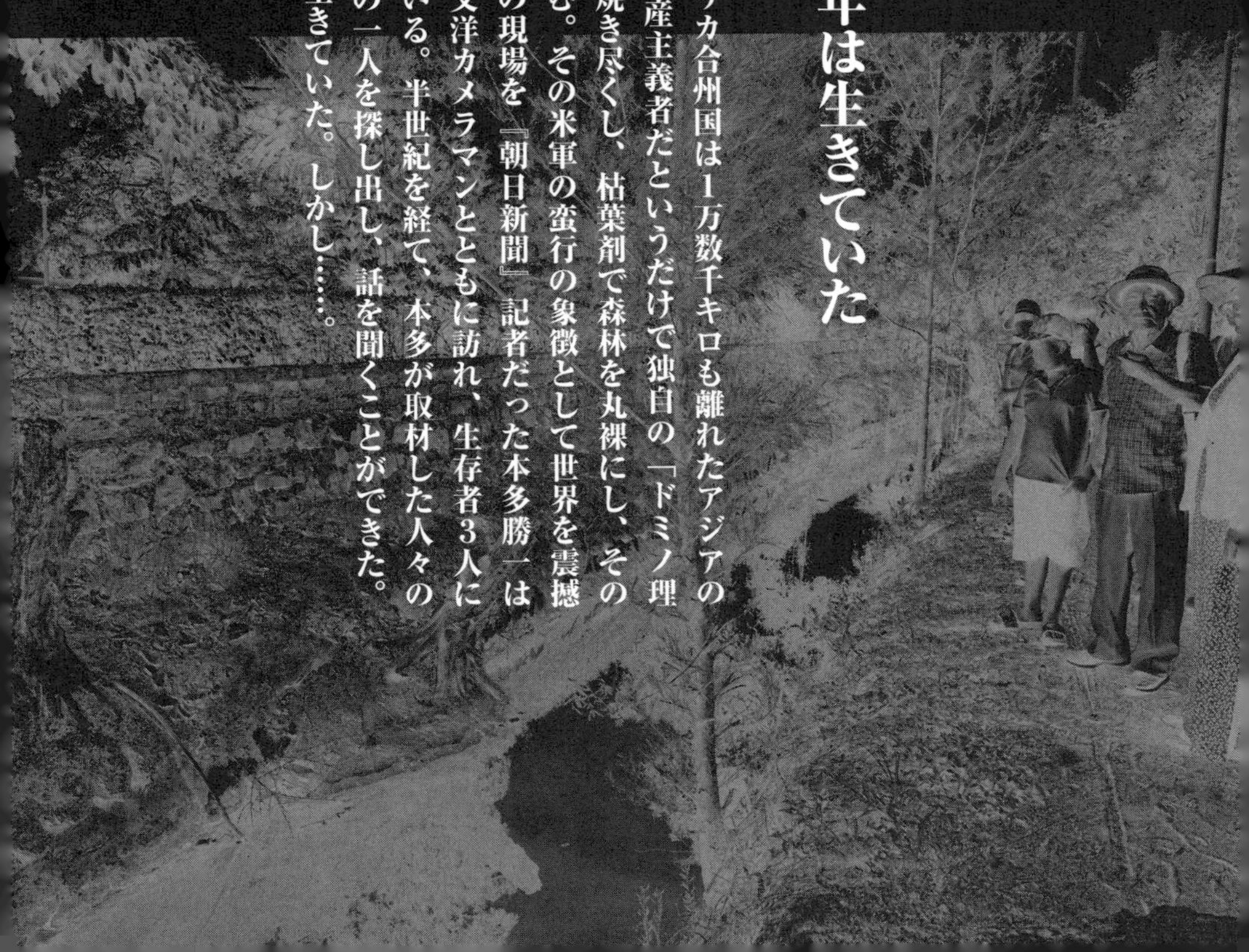

「ソンミ村」（正しくはティンケー村）の虐殺現場に向かう農道（あぜ道）は、今は「ソンミ虐殺証跡公園」の一部として整備されている。当時、貧しい農村では農民も子どもたちも裸足で生活していた。茶色の路面は人々の足跡と軍靴が入り乱れて刻印され、舗装されて固められている。

「彼は生きています。しかし、少々複雑です」――中部の都市ダナンから1号国道を1時間ほど南下し、クァンガイ省の省都クァンガイ市に着く。「ソンミ事件」の生存者を取材してきた映画監督のテイン・タオJr.（45歳）は、本多が取材した当時12歳のドー・バア少年（現在60歳）について「長年、取材を続けてきた。友人の一人」としつつも、なぜか言いよどんだ。日本を発って14日目、まさに私が探していた人物の消息を、やっとの思いでつかめたというのに……。

本多はソンミ事件を中国での日本軍による住民虐殺の象徴となった「南京事件」になぞらえ、中国同様ベトナムでも、米軍やその傀儡政権軍だった南ベトナム政府軍、アジアから参戦してきた韓国軍による大小の「ソンミ事件」は、ベトナム国内のいたるところで展開されていた――と報告している。彼の著作『再訪・戦場の村』（朝日新聞社、1975年）の第六部「ソンミ事件の現場から」のルポルタージュに、筆者による現地での検証取材と文献調査も加え、簡単に振り返ろう。

妊婦、乳幼児も皆殺しに　西側報道は隠蔽に加担

事件が起きたのは1968年3月16日の早朝。村人たちが朝食をとろうとしている時間帯だった。ほぼ4時間で虐殺された村民は計504人で、うち成人女性が182人。成人男性犠牲者より多く、妊婦が17人も含まれていた。13歳の少女や妊婦を含めた何人もの女性が殺される前に衣服を剝ぎ取られて強かんされ、腹を裂かれて家屋を焼く火の中に投げ込まれた人もいる。

胎児は犠牲者数には数えられてはいない。朝飯の蒸したサツマイモを口にほおばったまま撃ち殺され、その頭部は路上に投げ捨てられていた幼児もいた。10代以下の子どもの犠牲者は173人。うち56人がまだ生後5カ月未満の乳児だった。247家屋が焼き払われている。

村内には農業用水路が南北に小川のように流れている。村内に起きた虐殺でもっとも多くが殺されたのが、この小川の土手だ。朝食時間を狙って降下してきたヘリコプター部隊のうち、W・カリー中尉に率いられた小隊などが、住民を各家から引きずり出し、農道をこのあぜに追い立てていき、機関銃を乱射した。ドー・バア少年も弟を抱いたまま、この畔まで逃げてきて、土手に倒れ込んでいた。現場には「170人の住民が、生きたまま川に押し込まれて、その上から乱射が始まった」との説明が書かれた石碑（右写真）も設置されている。

事件直後からハノイ政権や地元の共産党（当時はベトナム労働党）などは、何人かの生存者の証言をもとにこの蛮行を告発していたが、米軍もサイゴン（現ホーチミン市）の傀儡政権も「共産ゲリラへの掃討作戦に成功した」と発表。『ニューヨーク・タイムズ』も含めた西側メディアのすべてが当初はこの発表通りに報道していた。現場にいた元米兵の内部告発などで、従軍記者が撮った衝撃的な写真とともに米雑誌『ライフ』や『ニューヨーカー』などが真相の一端を大きく報道したのは、1年半以上経って

ベトナム取材の同志、石川文洋カメラマン（左）愛用の「ライカ」を手に取って眺める本多勝一。1970年代、朝日新聞東京本社の出版写真部で。（提供／石川文洋氏）

からだった。

米兵の中には、無抵抗の子どもを至近距離で撃ち殺す仲間の蛮行を見て、自らの足を撃ってわざと負傷し、攻撃への参加を拒んだ黒人兵もいた。相手側から反撃のないものを戦闘とは呼ばないが、この〝戦闘〟での米軍側唯一の負傷者が、このハーバート・カーター2等兵だ。

本多によるソンミ村取材はサイゴン解放（75年4月30日）直後の75年8月だったとはいえ、まだ全土解放直後の混乱の中、虐殺事件の真相究明を担うクァンガイ省の党や革命人民委員会による詳細調査は進んでいない段階だった。

それでも本多は生存者や地元関係者への徹底した取材から、時系列と地図で事件の概要を詳述している。地区ごとの死者数から虐殺場所（細かい地名）の特定まで、今回の筆者の検証取材でも訂正・修正する箇所はほとんどなく、その正確さには舌を巻いた。

徹底した現場取材が米軍発表の虚偽を暴く

ソンミ村はクァンガイ市内から約15キロ北東の海岸寄りにある。「ソンミ」は今や世界中で虐殺の代名詞となり、地元でも「ソンミ博物館（ソンミ虐殺記念館）」などと呼びならわしているが、正しくは「ティンケー村」と呼ぶべき場所だった。54年のジュネーブ協定で第1次インドシナ戦争（ベトナムにとっての抗仏戦

17	Đô Cu	Báy	9	Nam
18	Đỗ Thị	Bảy	21	Nữ
19	Nguyễn Thị	Bảy	19	Nữ
20	Phạm Thị	Bảy	6	Nữ
21	Phạm Thị	Bảy	10	Nữ
22	Đỗ Thị	Bé	3	Nữ
23	Đỗ Thị	Bé	9	Nữ
24	Nguyễn Thị	Bé	1	Nữ
25	Nguyễn Thị	Bé	3	Nữ
26	Phạm Thị	Bé	1	Nữ
27	Trần Thị	Bé	3	Nữ
28	Phạm Thị	Bê	4	Nữ
29	Nguyễn Thị	Bi	17	Nữ
30	Nguyễn Thị	Bích	45	Nữ
31	Trương Thị	Bích	10	Nữ
32	Bùi Thị	Biết	37	Nữ
33	Lê Thị	Biết	13	Nữ
34	Ngô Thị	Biết	45	Nữ
35	Ngô Thị	Biết	45	Nữ
36	Đỗ Thị	Bình	12	Nữ
37	Lê Thị	Bình	34	Nữ
38	Nguyễn Thị	Bình	6	Nữ
39	Phạm	Bồi	8	Nam
40	Nguyễn Thị	Bốn	10	Nữ
41	Trương	Bốn	13	Nam

ソンミ虐殺記念館には「1968年3月16日に殺された人々」という犠牲者504人全員の名前を刻んだ大きな名簿板が掲げてある。一部だけを見ても女性、子ども、乳児や10代未満が目立つ。殺された者の名前をアルファベット順に並べて番号をふり、名前、年齢、男女別（Namは男、Nũは女）が書かれている。

争）が終結し、ベトナムが南北に分断されてから南のサイゴン政権が「ソンミ村（より正しくはソンミイ村）」に改名したが、国の統一後、再びティンケー村に戻ったこと――などを本多は、当時の国際報道メディアでは最も早く報告している。

さらには、西側メディアでは米『ライフ』誌がいち早く報道している虐殺現場が「ミライ（正しくはミイライ）」部落となっている誤報も指摘。本当の虐殺現場はミイライ部落ではなく、東隣のツークン部落の中のツァンニェン集落と、西隣のコールイ部落の中のミイホイ集落だと、突きとめている。これは「重箱の隅」をつつくマニアックな問題ではなく、当時、このツァンニェンとミイホイにはゲリラ兵士はおらず、非戦闘員だけの集落だったこと、村民は全員、非武装で無抵抗状態だったことなどがわかっている。

その村民をM16機関銃などで乱射殺戮した部隊の責任者の1人が、ウィリアム・カリー中尉だ。起訴された米陸軍の将兵26人の中で唯一有罪（終身刑）となったが、宣告翌日、ニクソン大統領の要請で自宅軟禁に軽減、3年後には釈放されている。本多の現地ルポによる虐殺場所の特定は、カリーや部隊の幹部らが、村人について「ベトコン（ベトナム共産ゲリラへの蔑称）だ」「反撃してきた」などと主張していたことが虚偽であることの有力な立証にもつながっているのだ。

のちにソンミ事件を調査報道した米国のジャーナリストのセイムア・ハーシュらによると、周辺の部落を拠点にしていたゲリラ部隊が「復讐の鬼」と化して反撃を強めたのはもちろんのこと、村人たちもまた「全員が共産主義者になった」という。

天涯孤独の少年は今もトラウマにとらわれ……

家族を虐殺された者が受けた心の傷は、癒えることなどあるのだろうか——。本多のソンミ村ルポを読んで、生存者の中でも、少なくともこの少年にだけは会いたい、と私が思ったのは、この疑問ゆえだ。

50年前の本多の取材によると、ドー・バア少年の家はツァンニェン集落のはずれにあり、両親と3人の子どもたち（兄妹弟）の5人家族。当時、父親はサイゴン軍に捕まり、コンダオ島の監獄に収容されていた政治囚で家には不在。カリーらの米軍部隊は集落襲撃と同時にバアらの家に次々と放火し、庭の防空壕に避難していた一家4人を壕から引きずり出した。

母は妹を連れ、バアはまだヨチヨチ歩きだった1歳の弟を抱いたまま近くの農業用水路の小川（灌漑溝）の方に逃げる。しかし、そこは追い立てられた村民170人が機銃掃射で一斉に殺される場所であったのだ。バアは

ツークン部落ツァンニェン集落

出典：本多勝一『再訪・戦場の村』

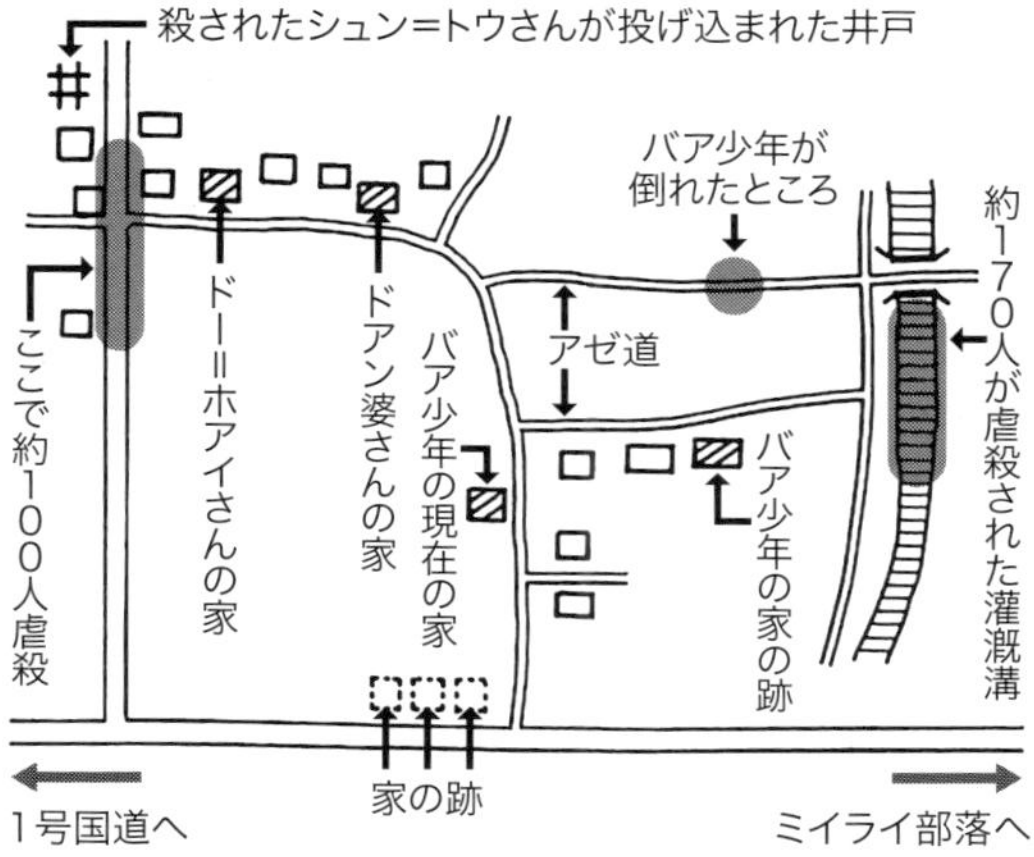

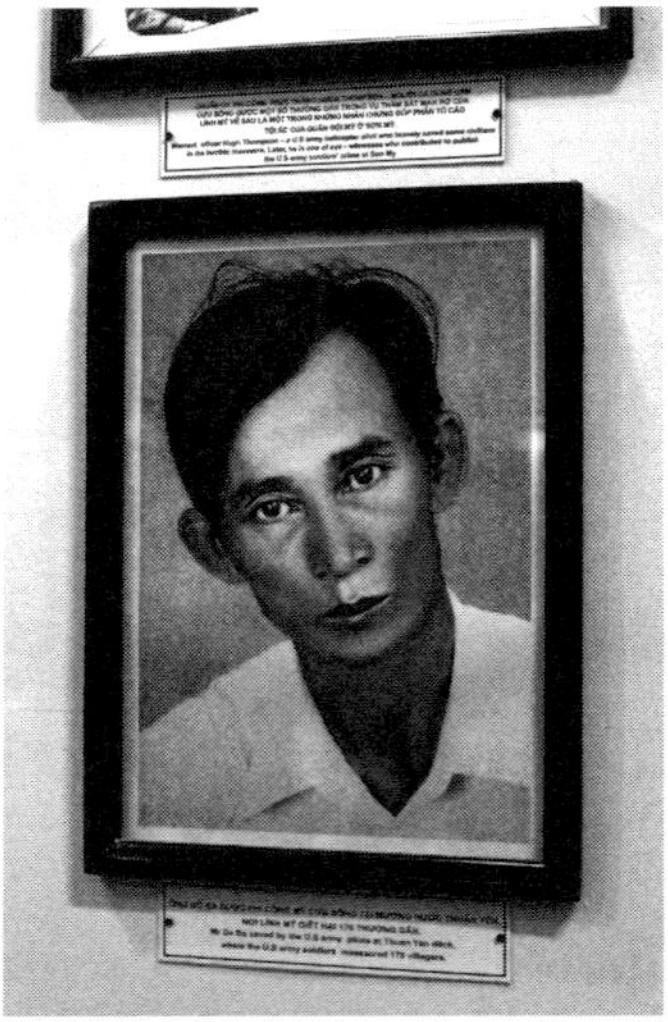

村で青年に成長した頃のドー・バア氏の写真がソンミ虐殺記念館には展示され、「170人が虐殺された水路から米陸軍のパイロットにより救出された」という説明がなされている。

弟をしっかり抱き、あぜの傾斜地に死んだようにして身を伏せていたが、弾はバア以外の母と弟妹を含む１７０人の命を奪った。村人の遺体がバアの上に次々と重なった。死体の山の中にしばらくじっと潜んでいたバアは、あたりが静かになってから這《は》い出した……。

本多がバアのそんな証言を聞き出した時、バアは12歳。事件当時は5歳だった。「一人残らず肉親を失って全くの孤児である。見るからに表情がさびしげだ。消え入りそうな小声で、質問には必要最小限のことを、ぽつりぽつりと答える」――少年の印象を本多はそう書き留めている。

筆者もアフガニスタンやイラクで何人もの戦争孤児の取材をしてきたが、家族を殺された直後の子どもは皆、茫然としていてほとんど無口だ。しかし、数日経つだけでも、お菓子やおもちゃに微笑んでくれることもあった。本多のインタビュー時、事件からは7年が経っていたが、無口なバア少年が漂わせていた諦念のような悲愴感は、虐殺現場での取材を数多くこなしてきた本多をも戸惑わせる、特別つらい経験だったようだ。

その後、明らかになったこともある。実はバアが死体の山から這い出した時、〝戦闘〟直後の視察で上空を飛んだ米軍ヘリから一人のパイロットが「動いて生きている子ども」を発見。地上に降りた米兵が当時5歳のバアを死体の山から救い出し、村外の地元民に引き渡している。これはソンミ博物館の記録にも残っている。

が、このことは目の前で同じ米軍に家族を皆殺しにされた少年にとって、複雑な心の傷を残した。このことについてバアは、のちに紹介する私のインタビューにも一切語らなかった。

75年4月のサイゴン陥落（全土解放）で政治囚は釈放され、バア少年の父親も帰村。一人暮らしだったバアは父と2人で自宅をレンガ造りに再建、ようやく親子水入らずの暮らしができるようになったのも束の間、父は入獄時代の拷問がたたったのか、急死した。

バアは遠い親族の支援を得ながらも「極貧の一人暮らし」が長く続き、一時は「盗みに手を染めて刑務所暮らしをしたこともある」という。その後は地元で結婚し、中学生の息子もいる。そんなバアも今や60歳だ。

しかし、貧しさは変わらず、ここ数年は400キロ離れた南部の都市ニャチャンに出稼ぎに行き、郊外の農場で住み込みの農作業・家事手伝いをして日銭を稼ぎ、息子の教育・進学費用を仕送りしているのだ。

「憎しみ続ける自分が苦しいので忘れたい」

そんなバアの農作業休憩時間に、英語を話せるタオが通訳をしてスマートフォンのスピーカー機能でつないでくれた。ただし、「彼は今も心の病に苦しんでいるので質問には気をつけてくれ。変な答えが返ってきても驚かずにそのまま肯定して、平然と質問を続けてほしい」と注意を受けていた。相変わらず言葉少なだった。


——元気にしていますか？

うん。まあね。

——サイゴン解放直後にティンケー村のあなたの実家でインタビューしたホンダ・カツイチという背が高い

南部ニャチャンの農場で出稼ぎ労働者として働くドー・バアさん。（2023年9月、テイン・タオJr. 氏撮影）

日本人記者を覚えていますか？　イシカワ・ブンヨウというカメラマンも一緒でした。

　あの頃は世界中から次々とたくさんのジャーナリストが来ていたので、よく覚えていないが、ホンダという名前はあったねえ。日本人はいたねえ。

——解放後のベトナム社会をどう感じていますか？

　うーん、世の中は少しずつ良くはなっている。

——ベトナムは米軍を追い出して独立を勝ち取ってからも、あなたにはさまざまな悲しいことも起きたでしょう。今は結婚して家族もいる。正直に教えてほしい。今は幸せですか？

　悲しいこともつらいこともいっぱいあった。ホンダ・マサカズさんの言う通りだ。あの戦乱でたくさんの人が殺されたが、生き延びた人だって多い。生き延びた人たちは私も含めて皆、幸せだよ。生活はだんだん良くなっているからね。

——いつ、結婚したのですか？　子どもは？

結婚したのは18年前。15歳の男の子が1人いますが、いい子ですよ。

――いま、一番望むことは何ですか？

やっぱり稼ぎのいい仕事、おカネですね。いい家もほしい。生きていくにはいい環境が必要です。

――強大な米国に抵抗し、勝利して追い出したベトナム人を私は尊敬してきたのですが、あなたは「国」に対して、どう思っていますか？　そして今のアメリカをどう思っていますか？

うーーん。10年前までは虐殺に対する怒りと憎しみで、私は狂っていた。家族をみんな殺されたんだよ。わかるか？　アメリカ人を見たら殺したいと思ってた。ずーと抑圧と憂鬱を感じてきた。でも、アメリカとの関係もだんだん良くなっている。複雑な思いだが、憎しみも今は忘れつつある。いつまでも憎んでいても、自分が苦しいだけなんだ。自分を追い詰めているんだ。憎しみはもう忘れたよ。

（インタビューは2023年9月3日、クァンガイ市内のホテルから電話で）

博物館長との対話　日越社会の相違と相似

今、虐殺現場の集落はかなりの部分が記念の公園として事件当時のままに再現・保存され、ツークン部落側に「ソンミ博物館」が76年に開設された。国内各地から生徒や学生だけでなくさまざまな年代の人々が毎年3万人近く訪れる。海外からは欧米を中心に年平均7千人の市民やジャーナリストが見学や取材に来る。

特に米国からの見学者は、虐殺の展示や焼け跡から集められた血染めの衣服、壊れた食器、家具の残骸を見ながら、多くが何度も「ごめんなさい」と謝罪を繰り返し、涙を流すという。

博物館ができた翌年に地元ティンケー村で生まれ育った現館長のファン・ティー・バン・キー（45歳）がインタビューに応じてくれた。ファンの母親の出身地のコールイ部落では、母の家族5人を含め97人が虐殺されている。母は数少ない生存者の1人で、今は70歳で元気だ。

ファン館長は、筆者の質問に対して必ずしも正面から答えていない。質疑応答がすれ違いのように見えるところもあるが、そこに彼女の苦悩もあるように思えるので、やり取りはできる限り誠実にそのまま訳出した（通訳・鈴木勝比古）。

ファン館長はまず「ソンミと同様に、ヒロシマ・ナガサキでの虐殺を経験した日本から『週刊金曜日』の記者が来られたことをたいへんうれしく思います」と歓迎してくれた。

――虐殺される直前まで村人が使っていた食器や生活用具、血染めのアオザイ、そして武器など一つもない住居の焼け跡などを見ると、「攻撃したのはベトコンだった」という米側発表のウソがよくわかります。村民から命乞いや逃亡はあっても反撃さえなかったし、米軍が押収した武器もない。戦時でも非戦闘員の殺戮は明らかな国際法違反で犯罪です。米国に対する憎しみは今も消えないのでは？

確かにコールイは農民の部落、ツークンは漁民の部落で、ゲリラ兵士なんて1人もいませんでした。当時まだ10代の少女だった私の母はある朝突然、数十機のヘリコプターで降りてきた米兵らに、目の前で家族や隣人が殺されていったんです。

母がすぐに防空壕に逃げ込んで隠れていてくれたから私が生まれ、ここにこうして座っているのです。母が身を潜めた壕の上を、銃を持った米兵が生き残りを探して何度も往復しました。母は今もその恐怖を思い出しては震えています。

現在、この博物館で働いている職員16人のうち私も含めて6人は、家族や親族を米兵に殺されているのです。

――館長は冒頭、ヒロシマ・ナガサキに言及されましたが、原爆投下は一時的な「狂気の沙汰」ではなく、米国の政権内で周到に冷徹に準備、計画されたジェノサイドでした。ソンミ虐殺の指揮官のカリー中尉らの行為は「狂気の沙汰」だったと説明されることが多いのですが、どう思いますか？

彼は米国に戻ってから訴追され、終身刑になりながら、すぐに釈放されました。これは許せないし、米国内でも裁判をやり直せ、というデモが起きたぐらいです。ベトナム人も当然、許せないと思っています。ヒロシマ・ナガサキ同様、共通するのは、冷徹な計画に基づいて罪のない民間人を殺したということです。

「身についた記憶」は子どもにも深い教訓

――日本ではヒロシマ・ナガサキのヒバクシャは高齢化し、若い世代には歴史に無関心な人も増えています。ベトナムに同様の問題はありますか？ ベトナム戦争で国の独立を勝ち取った歴史に無関心な若者が増えてきたりはしていませんか？ 戦争の記憶や教訓を若い世代にどう伝えていけばよいのでしょうか？

本多勝一の著作を見ながらインタビューに応えてくれた「ソンミ虐殺記念館」のファン・ティー・バン・キー館長。ファン館長もまた多くの親族を殺されているが、母親は壕に隠れて生き延びた数少ない生存者の1人だった。

(第2次世界大戦以降、戦争をしていない)日本とベトナムの大きな違いは、ベトナムは、非常に長い年月を戦争に明け暮れてきたということです。第2次大戦後も抗仏戦争、抗米戦争……それが終わったら、中国やカンボジアとの戦争もありました。戦争が終わった直後は、戦争体験世代の親が子どもに話すのは「身についた記憶」です。これは子どもにも深い教訓となります。

もちろん、国による学校での歴史教育も重要です。戦争で犠牲になった人たちのうえに、今の私たちの生活があるということを、子どもたちは教科書で学んでいます。同時に、こうした歴史資料館や虐殺事件などの現場に来て、戦争の惨禍を目に焼き付けることも大事です。政治囚を収容した監獄の島のコンダオ島や抗米戦争を支えた補給路であるホーチミン・ルートの各地の戦争遺跡など、体験的に学べる現場はベトナムには多いのです。

こうした歴史教育と体験的な行動教育の二つを通じて、侵略がどのようにして生じていったか、解放をどのように勝ち取っていったかを、子どもたちの世代に効果的に伝えています。

――しかし、ホーチミン市のような大都会では、多くの若者は政治に関心をもつより、路上に集まっては集団でスマホのゲームに興じたり、カラオケ・パーティを開いたりで、ベトナム戦争で独立を勝ち取ったあとの社会の課題や歴史認識については、なかなか意見を聞くことはできませんでした（英語で話しかけた限界もあったが）。これは新自由主義が吹き荒れる資本主義国・日本の現状と似ている気もしますが……。

ホーチミン市でご覧になった若者の姿は、私から見れば、ほんの一部にすぎないと思います。ベトナムは広いですよ。もちろん、そうした若者も含めて「戦争と平和」について考える若者を増やす教育は、私たちの責務だし、私たちにはそれができると考えたからこそ、私もここにいるのです。

そうそう。前館長がヒロシマに行っていますが、戦火の恐ろしさと、どの方向にどう逃げたらよいか、という人間の動線まで理解できるような、広島の原爆資料館（広島平和記念資料館）の非常に効果的で立体的展示の仕方など、日本から学ぶべきことは多いです。

NOTES

いくつかの章に適宜挟み込まれる、以下のいくつかのコラムは、『週刊金曜日』のベトナム連載をしながら、同誌の編集後記に私が書いたものをリライト、補筆したものである。時機に応じた私なりの解説であり、考え方を整理したものである。

▼「赦す」とはどういうことか？　第一章で報告したソンミ虐殺事件のことを、その後も考え続けている。家族を殺されて一人ぼっちになったバア少年が「アメリカ人を見たら殺したいと憎んだ」ことは理解できる。理不尽なのは、米国も米国人も総体として戦争責任から免れ、その後も世界中で同じことを繰り返しているのに、一方の被害者の心の傷は癒えることなく、今も頭をもたげる復讐心や憎悪と闘わねばならないことだ。

戦争にも虐殺にも加害者と被害者がいることは曖昧にしてはならない。被害者は抗議・告発し、赦すこともできる。倫理的には優位にあるが、憎み続けることはバア少年が言うように「つらく惨め」でさえある。しかし、赦すことができたら、本当に苦しみから解放されるのだろうか？

一方の加害者やその子孫、加害国の「国民」はどうなのか？　世界戦争を推し進める米国と同盟国という日本の政府を変えることとさえ、私たちにはできていない。市民としてベトナム戦争には反対してきたことや、憲法9条から停戦を訴えることも、バア少年らには癒やしにさえならないのではないか。

▼ベトナム戦争を検証する連載を書きつつ、暴力とは何かを考え続けている。パレスチナでもウクライナでもベトナムでも、抵抗や革命に暴力を伴うことは否定できない。日本国憲法9条の理念である非暴力・非武装の抵抗は侵略者の圧倒的暴力を前に、命を守るうえで最も現実的・効果的・功利的ではあるが、いったん始まった戦闘の中で停戦を訴える際の有効な道具や武器ではない。アフガニスタンで、イラクで、

パレスチナで、私はいつも空爆の下に身を置いて、それを実感してきた。

イスラエル軍の戦車や装甲車に石礫を投げる若者や子どもたちを前にして、あなたは彼ら彼女らに「やめろ」と言えるだろうか？　私は一番の暴力装置である国家や軍隊や警察や監獄の構造的暴力を問わずして、9条の理念は「非武装・中立だ」などと説くことは日本の自称〝平和主義者〟の、上から目線の偽善でしかないと考えている。それに、9条の理念は「非武装」だが、「中立」というのはごまかしでしかない。

『週刊金曜日』創刊者の本多勝一は、「殺される側」に身を置かないジャーナリストは「殺す側」の権力の走狗となる——ベトナム戦争の現場で学んだことだと警告している。子どもたちや若者が石礫を投げる報道写真を見る時、私たちは自分がその原因者であることを突き付けられているのだ。ルポルタージュとはアンガージュマン（参画）である。真の報道写真で痛みなしに見られるものは少ない。
▼ＩＳＭ（Internatinal Solidarity Movement＝国際連帯運動）はもともとパレスチナでパレスチナ人によって始められた運動である。２０００年から始まった第2次インティファーダ（民衆蜂起＝アル・アクサインティファー）の中で自爆攻撃の連鎖に手を焼いたイスラエルは、彼らが「テロリスト」と呼ぶ自爆攻撃容疑者の実家を、悪名高い「Ｄ9」という装甲ブルドーザーなどで家族もろともなぎ倒して破壊する——という国際法違反の連隊責任＝集団処罰主義の Demolition Operation に出た。これに対抗して非暴力・直接行動の原理で、丸腰の多国籍市民が手をつないで「殺すな！破壊するな」と装甲車や戦車の前に立ちはだかる国際運動を展開した。
『朝日新聞記者』だった私も、２００2年夏から現場取材を重ねつつ、ＮＧＯの非暴力トレーニングを受け、ＩＳＭのメンバーとしてこの運動に参加しながら、同紙に現地ルポルタージュを書いている。

はっきり申し上げて、この運動には弱点もあるし、実際、少なくとも二人の米国籍市民がブルドーザーに轢き殺されている。命を守る運動が犠牲者を出しては敗北である。批判は受ける。イスラエルは外国籍市民なら殺さないだろうというのは甘い考えではないか？「先進国市民の上から目線」という非難は甘んじて受けるが、そんな単純なものではない。私はどこまでも非暴力直接行動の可能性を追求するつもりだ。

2

「命懸けても守るものとは？」

なぜアメリカに勝てたのか？　闘った女たちの証言

「マクナマラの誤謬」——今や米国内でもベトナム戦争敗北の主因の一つとして定着している概念だ。自動車産業フォードの社長から国防長官に転身したロバート・マクナマラは車の生産・販売と同じ効率原理で「米兵1人あたり敵兵を5人以上殺しているから勝てる」などと、一見科学的に見える定量分析を使って兵力投入を推進した。しかし、米軍が北ベトナム軍や解放軍の兵士をいくら殺戮しても人民の抵抗は止まず、戦争は泥沼化。本多勝一は「アメリカは農民と闘っていることを理解できていない。ベトナムでは女も子どもも闘っている」と現場から見抜いていた。本多が取材した「女性闘士」たちのその後と「いま」を報告する。

ムォイ・ベー（83歳）は生きていた。今回の取材旅行のコーディネーターで通訳の鈴木勝比古（79歳）の姿を見たとたん、しっかりと抱きしめ、鈴木の背中にまわした両手をなかなか緩めようともしない。隣で自己紹介をしようと待っている私の姿などまったく眼中にはないようだ。

ホーチミン（サイゴン）市から国道1号沿いに南西に約180キロメートル。メコンデルタ最大の都市カントー市の市庁舎裏手の民家に、ベーは〝娘〟と2人の孫とともに暮らしていた。

本多勝一のインタビューを受けた当時の写真を出してきて、思い出を語るムォイ・ベーさん。（2023年8月26日、カントー市で）

本多勝一は、1975年6～7月、『赤旗』ハノイ特派員だった鈴木やイタリアの『ウニタ』紙、フランスの『ユマニテ』紙の記者、ポーランドの作家らによる「国際ジャーナリスト使節団」のメンバーとして、メコンデルタを再取材した。「再取材」というのは、本多のルポルタージュの代表作の一つ『戦場の村』（68年、朝日新聞社）の取材で、南ベトナム解放民族戦線（NFL＝National Front for the Liberation of South Vietnam）が米軍・サイゴン政府（南ベトナム政権）軍との激しい攻防を繰り返しながら解放区を拡げていた同地域を訪問してから約8年ぶりの再訪、ということだ。まさにサイゴン陥落＝サイゴン解放（75年4月30日）の直後で、「あの世界最強のアメリカ軍に、人民解放軍がなぜ勝てたのか」がテーマでもあった。

当時の一連の取材の中で本多も鈴木も、カントー市の共産党・アンギェプ区委員会（革命人民委員会）委員長でもあった女性闘士・ベーの生き方に、強く魅かれたようだ。2人のジャーナリストはそれぞれ『朝日新聞』や『赤旗』に、彼女の人間的魅力を詳述している。

特に本多は『再訪・戦場の村』（75年、朝日新聞社）の中で、この時、35歳だったベーのことを横顔の写真付きで「理知的でかなりの美人」と書き、続けて今では使えそうもない、ルッキズムとジェンダーバイアスの色濃い表現で讃えている。

でも、ベーに思い出してもらうために、私が本多のこの記事を読み上げ、鈴木がそれを翻訳すると、ベーは大笑いして喜び、若い頃の同様の写真を出してきて胸の前で掲げた。

隣で娘のチー・フォン・ザン（45歳）も「私のお母さんて、ほんと映画女優みたいでしょう?」と誇らしげだ。

メコンデルタ一番の都市、カントー市の市庁舎。この裏手の住宅街にベーさんは愛娘と2人の孫とで暮らしていた。

「戦争というよりも、革命と独立の闘い」

カントー市郊外の農村で生まれ、メコンデルタで育ったベーは、第1次インドシナ戦争（抗仏戦争）終了後、祖国が南北に分断されていた58年、18歳になった時に、革命のための地下活動に入っている。

ホー・チ・ミンが国家主席だったベトナム民主共和国（北ベトナム）が、

南北統一選挙を模索していた頃だ。

　ベーの父は、抗仏戦争を戦ったベトミン（ベトナム独立同盟）の闘士で、過酷な拷問で悪名高い監獄の島・コンダオ島で亡くなっている。9人きょうだいの下から2番目で、貧しさの中でも社会変革への強い意志を持つ少女として育ったベーにとっては、抗仏戦争（1945〜54年）・抗米戦争（55〜75年）を含めた「ベトナム戦争」は、傀儡政権を倒して自分たちの「国」をつくるための一連の「革命」であり、祖国独立のための闘いだったという。

　まず当時の本多のルポをもとに今回の私の取材を加え、ベーの「闘い」を振り返る。

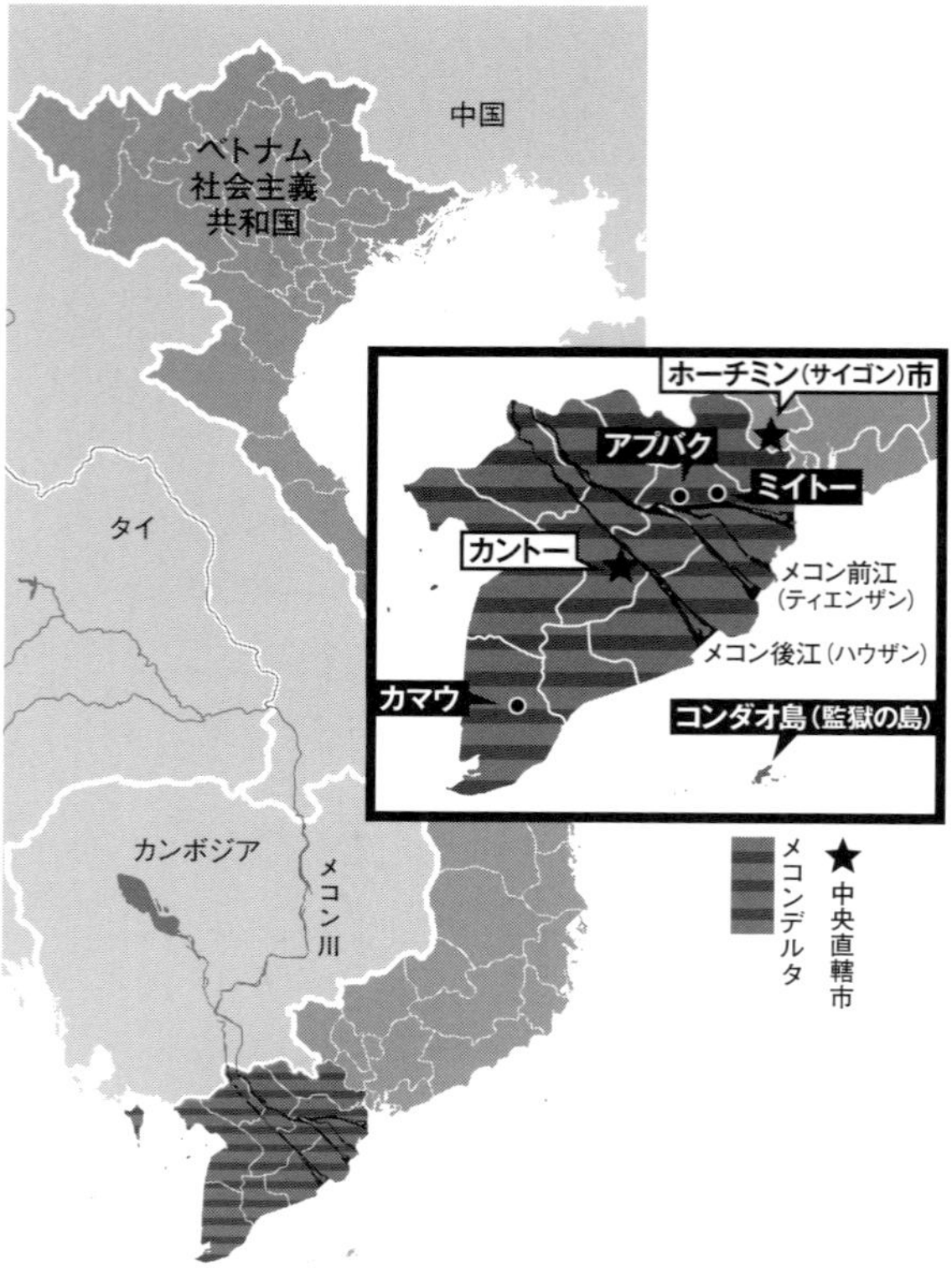

　ベーはＮＦＬ結成の翌年61年に共産党（当時はベトナム労働党）に入党。解放軍が「テト（旧正月）攻勢」に出てサイゴンのアメリカ大使館の一部を占拠した68年1月からは、党の秘密指令を受けてカントー市内に移り住んだ。

ベーが担当したのが市内アンギェプ区。区内に党員はベーただ一人。ほかにゲリラ兵士が5人、革命シンパの市民が数人いる程度だった。彼女は屋台でのバナナ売りやハスの実売り、戸別訪問の行商人を続けつつ、職業や住所は頻繁に変えながら、市民オルグや情報収集を続けた。こうした地下活動が発覚して逮捕された党員も多かったため、拷問を受けても仲間を自白しないように、党員は互いの名前も顔も覚えずに暗号で呼び合っていたという。

サイゴン解放（人民解放軍のサイゴン突入）の時期が近づき、べーらにも「蜂起準備」の指示が出た。75年4月10日だった。革命政府の政策をアピールし、南ベトナム＝サイゴン政府のデマを暴く内容のビラを数千枚印刷し、18日から各戸配布を始めた。

動揺したサイゴン政権は警察や公安の動員で外出禁止や各所での検問を強化したが、べーらは「近日中に革命軍が市内に来る。その時には団結して立ち上がろう」とさらに追い打ちをかける1万枚以上のビラで呼びかけ、革命政府の旗やスローガンを書いた横断幕も大量に作り、配布した。この頃にはべーらに隠れ家や印刷所を提供してくれた人たちも入党してくれるようになり、シンパも増えた。

30日朝、南ベトナム政府のズオン・バン・ミン大統領の「無条件降伏」が伝えられると、べーらは街頭に出て市民らだけでなく、サイゴン軍兵士にもビラを手渡した。もともと兵士の中には解放軍側のスパイが一定数いたが、街頭で公然化したべーらにその場で協力を申し出て転向する兵士も次々と出てきた。民兵組織はすでにおおむね解放軍側に味方しており、ゲリラ兵士らとともにサイゴン軍の武装解除も順調に進めた。

同日午後3時にはカントー市郊外にある放送局を市民が占拠。銃を持たないべーらは非武装のまま敵基地や行政委員会を回って説得を続け、基地や役所に次々と解放旗が上がった。夕方5時には、べーらが配ったビラと旗を持った市民による大歓迎の中、解放軍の戦車隊が放送局に到着。メコンデルタを管轄するサイゴン軍第4軍司令官は司令部で服毒自殺。副司令官も自宅で短銃自殺した。

ビラと旗で非暴力勝利　シングルマザーその後

こうして、サイゴン解放に続きカントーでも、べーらによる「ほぼ戦闘なし」の事実上の「無血解放」「無血革命」が成功したのである。

解放=統一後も、べーの「闘い」は続く。戦死したゲリラ兵士の遺児や戦争孤児の子どもたちを次々と養子にし、これまでに7人を育てあげた。

いま一緒に暮らすフォン・ザンについてもべーは、「この子は私の本当の娘さ」と私の目の前で抱きしめてキッスをしていたので、「本多勝一の記事でもべーさんはずっと独身だと書いていたけれど、法的には結婚しなかっただけで、フォンさんの実父が実は恋人だったんだな」と勝手に解釈していた。が、その夜遅く、フォン本人が私へのメールで、真実を語ってくれた。

「インタビューの時にあなたが確認した通り、べーは昔から、そして今もずーっとシングルです。でも、本当は、私の実母が育児放棄で、私は捨て子同然だったのです。父親もわかりません。そんな私を1歳の時に引き取り、自分の人生の最も充実した時間を犠牲にして、ずーっと『わ

「この子は人生の同志！」と愛娘を抱きしめるべーさん。

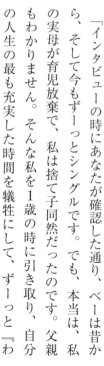

が子』として育ててくれたのが、ベー母さんだったんです。だから彼女こそ、私のほんとうのお母さんです！」

フォンはいま、カントー市の税務署で働きながら、15歳と13歳の男の子2人を育てている。

ベトナム戦争はベトナム社会に多くの悲劇をもたらし、人々の心に傷（トラウマ）を刻印した（前章のソンミ村虐殺の生存者・ドー・バア少年のように……）。その影響に今も多くの人が苦しんでいるが、ベーやフォン・ザンのように、たくましく新たな「家族のかたち」をつくっている女性たちもいた。

そんなベー一家を、鈴木はハノイ特派員時代の2005年3月に一度再訪しているが、その後、連絡がつかなくなっていた。「べーさんも高齢だし、亡くなっておられるのかも……」と心配していた。

ところが今回、人民軍の機関紙記者もしていた地元の作家ザ・ガン（71歳）が私たちのコーディネーターになってくれて、カントー市の共産党委員会や行政委員会に照会をして、彼女の居場所を割り出し、連絡を取り付けてくれたのだった。

密林ゲリラ拠点で結婚　一家の総刑期65年

本多の『再訪・戦場の村』には、ベーのほかにも何人もの女性共産党員の闘士や政治囚となった活動家ら、個々の女性の人生が詳述されている。「この個人の中にベトナム革命の本流が反映されている」と、本多は女性たちを集中的に取り上げた理由を語っている。

私も今回の取材で「ベトナム人民の勝利は、こうした無数の女性闘士に支えられていた」ことを実感した。そんな思いを抱かせた一人が、ホーチミン市にある政府系機関・国際友好連合会でインタビューに応じてく

過酷な拷問の体験を語るチュオン・ミーレさん。（2023年8月28日、ホーチミン市内で）

れたチュオン・ミーレ（82歳）だ。過酷な拷問と獄中出産に耐えて闘い続けた、今も若々しく元気なおばあちゃんだ。

メコンデルタのミトー（ミイトー）市郊外の農村の生まれ。海岸沿いのゴーコン県から23キロメートルの村だった。父はカンボジア領内にあったフランス人経営のプランテーション（農園）で働いていた。1945年の8月革命のあと、ベトミンのゲリラ戦士となって村を出ていった。54年のジュネーブ協定による停戦後は、メコンデルタから北ベトナム（ベトナム民主共和国）に移った「北部集結組」だったという。

母はミーレたち6人きょうだいの子育てをしながら革命運動に参加。母の任務はメコンデルタのいくつかの場所で北からの支援物資も含めた武器を受け取り、サイゴンのゲリラ兵士の根拠地まで届けるという危険なものだった。6人の子どもたちの中で一番上の長女がミーレだった。すぐ下の次女のミーホアは、76年の南北統一後のベトナム社会主義共和国の国家副主席になっている。

「母は農作業の手伝いや売り子、ミシンを使った裁縫などで生計を立てながら、家族を養っていましたが、1957年に米軍に捕まりました。その後2年間、母が獄中にいる間は、私や次女が弟妹の面倒をみたり、近所の親族の世話になったりしていました。私たちきょうだいも全員が、10代から革命運動に参加していきました。獄中での拷問にも耐え抜いた母が出獄した59年、私たちは一家でサイゴンに転居しました」

一家のいた農村部の共産党組織が壊滅状態になったからだ。サイゴンではミーレは中学校の女生徒として同級生らを解放側のシンパにオルグした。サイゴン政府は学校教育の場では「米国はベトナムを援助してくれている」と教えていたが、彼女は「いや、実態は侵略者なんだ」と密かに説いてまわった。

「私ものちに逮捕されることになりますが、私たち6人きょうだいで逮捕されなかったのは末っ子の妹だけ。私も含めて残り5人全員が獄中生活を体験しています。母と5人のきょうだいの刑期を合わせると計65年になります」と笑う。

そんなミーレは63年、22歳の時にカンボジア国境に近いビンズオン省のジャングルの中のゲリラ根拠地で知り合った夫と結婚している。すぐに長男を産んだあと、65年3月にサイゴン警察に治安維持法違反容疑で逮捕され、警察本部の留置場に入れられた。この時点で妊娠3カ月、2人目の子どもを身ごもっていたが、そのことは隠していた。

「夫は私が捕まる前に、米兵を手榴弾などで狙う部隊の指揮官としてサイゴン市内で逮捕されています。やはりその前に捕まった部下の自白によるもので、その自白で仲間が芋づる式に捕まり、結果的に夫は国家反逆罪で死刑判決を受けてチーホア監獄に移送されるのですが、一連の流れの中で私も捕まったのです。夫の罪状の裏付けのために、私たちの地下活動の詳細を自白させるのが目的でした」

宙づり水責めの拷問　獄中での出産・育児

ミーレは逮捕された当初、「夫は幹部職であり、下っ端の私は何も知らない」と言い張り続けた。しかし、妊娠5カ月ぐらいでお腹が目立ちだして妊娠がばれると、「一緒に生活していたのに知らないことはありえない」と、尋問どころか激しい拷問を受けるようになる。

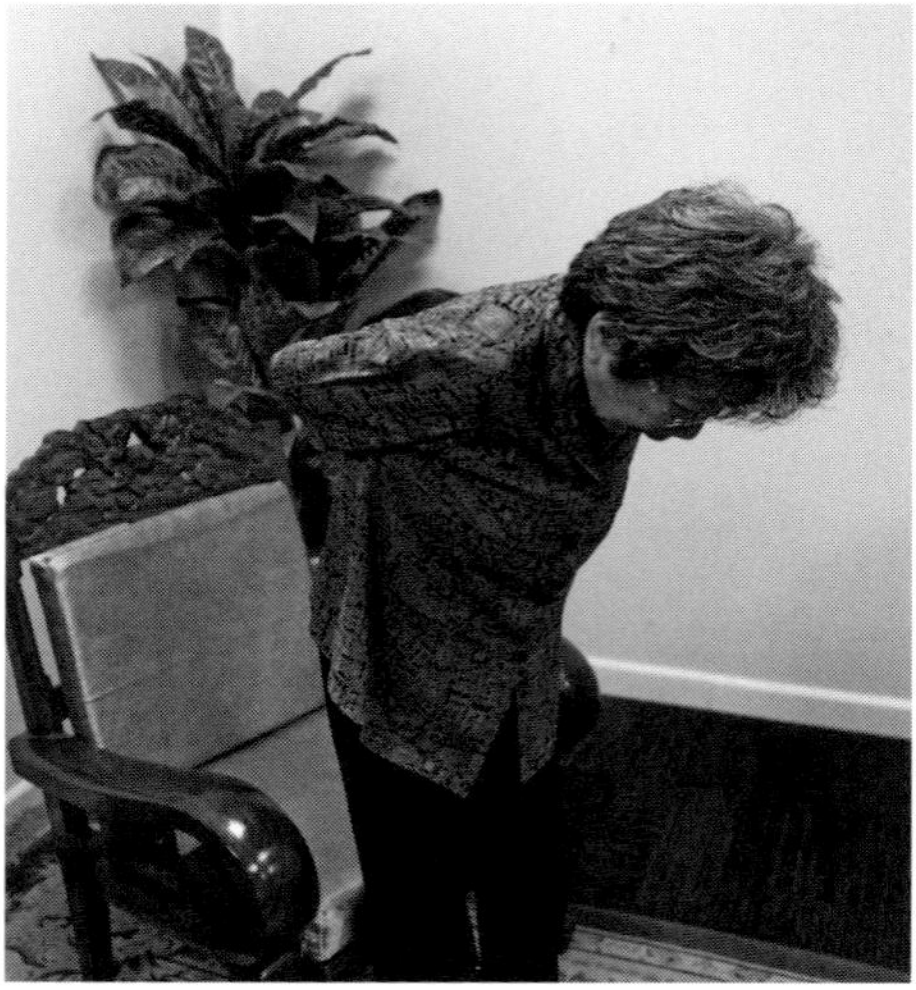

「後ろ手に縛られ天井から吊るされた」と、身振りで再現。

「7～8人の看守に深夜、叩き起こされ、取調室に連れていかれると、手を後ろ手に縛られ、ぎりぎり足が床から離れるぐらいまで天井からのロープで吊り上げられて殴られ、蹴られ、何度も気を失いました。そのたびに今度は水をぶっかけられ、次に頭を押さえてバケツの中に顔を押し付けられ、さらに無理やり水を呑ませられました」

ミーレは58年前の恐怖の水責め拷問の体験を苦しい表情をしながらも、身振り手振りで昨日のことのように詳細に再現する。聞いている私のメモを取る手も震え、「そんなことをしたら流産してしまう」と私自身が小さく叫んでしまった。

拷問を受けている間、ミーレの脳裏に去来していたのは何だったのだろうか？　お腹の赤ちゃんのために生き抜こうとは思わなかったのだろうか？　ミーレは、しばし沈黙した。

「ただただ、私にとって最高の栄誉は、このまま死ぬことだと考えていました。自白したら夫に会わせてやろうという誘いもありましたが、拒みました」

拷問に耐えて自白しなかったミーレは、地元では「獄中出産で娘を産んだ闘士」と伝えられている。ただ、少し詳細に説明すると、出産間際になってサイゴン政権側は近隣の病院にある囚人専用病室にミーレを移送、3日間だけ入院させて出産させた。ミーレは今回、そのことも明かしてくれた。

ミーレと生まれたばかりの娘（長女）が病院の囚人部屋から獄中に移されてすぐ、当局は赤ん坊を「孤児院（乳児院）」に送ろうとした。しかし、ミーレはそれも拒んで、9カ月間は獄中で育てた。起訴されたミーレに対する判決は禁錮1年。逮捕されてから1年2カ月後の釈放と同時に、ミーレは長女を母親の元に送って75年の解放までは育児を頼んだ。

「その後も自分の手で育てたかったし、そうすべきだとも思いました。が、もし、生きて釈放されたら再びジャングルの根拠地に戻って革命戦士としての使命を遂行する決意でしたから」と淡々と語る。

ミーレの子どもは、解放後に生まれた末っ子の次女を含め3人だ。〝獄中〟で生まれた長女レー・ミン・チャウはいま58歳。ホーチミン市の貿易公社の幹部になっているが、ミーレは自身が妊娠したまま入獄し、獄中で出産して授乳していたこともきちんと話しているという。

「やはり長女のチャウは、ほかの子どもたちと少々違っています。国家の残虐性に対しては非常に敏感で、強く激しい憎しみを示します。少女時代から資料館や博物館などで米国や傀儡政権の残虐な場面を見ても冷静に向き合い、決して泣かない子に育っていました」

死刑判決を受けた夫はいかにして生還したか

死刑判決を受けたミーレの夫はどうなったか？　夫が2人の部下とともに死刑判決を受けたことが、サイゴン政府系新聞に「3人のベトコン指導者、死刑執行へ」と報じられると、南部の解放軍側司令部がハノイの共産党（当時は労働党）中央にこの件を極秘の至急電で伝えた。

党中央は「サイゴン政府がもし3人を処刑したら、解放軍が勾留している米兵捕虜3人をただちに処刑する」との声明を出し、米兵捕虜の処刑対象者名簿も発表した。これを知ったホワイトハウスのマクナマラ国防長官が、死刑執行前夜の深夜になってサイゴン政府に処刑中止を指示したという。サイゴン政府（南ベト

ホーチミン市からカントー市に入るには２本に分かれたメコン川本流を渡る。メコンデルタではメコン川の支流河川や運河が複雑に走り、解放戦線のゲリラ部隊は沿岸の密林からサンパン（小型木造船）などで神出鬼没に出現しては米軍側を苦戦させた。

ナム政権）によって死刑が撤回されるという劇的展開が起きたのだ。

米軍はベトナム人民を虐殺した。しかし、傀儡政権とはいえ、同民族のサイゴン政府の軍人や警官や看守が拷問や虐殺を繰り返していたことについては、ミーレたちはどう考えていたのだろうか？

「戦争だから、傀儡政権からカネをもらって養われている兵士や警官は、私たちを『敵』としか見ていないし、私たちもそんな彼らを敵と見なして闘ってきた。しかし、アメリカはもちろんのこと彼らが一般人民と大きく違うのは、私たちを人間とは見ないで、共産主義者はケダモノだと見ていた、ということでしょう」

彼女たちを拷問した者たちに対しては、今も憎しみをもっているのか？――との問いにミーレは「そういう連中の多くは、海外などに逃げ出してしまったからね」と言葉みじかに答えた。

3

血塗られたアオザイの証言

戦乱に打ち勝った戦場の恋

ベトナムにおける抗米戦争の最終的勝利は「女たちの闘い」なしにはあり得なかった——本多勝一も早くから指摘していたことだ。前号で紹介したムォイ・ベーとチュオン・ミーレという2人の生き方からも明らかだが、さらに何万人ともいえる女性闘士の多くが革命のために奔走し、戦後は栄誉も求めずに「市井の人」に戻っている。彼女たちの多様な生き方を説明するのに十分ということはない。米軍傀儡の南ベトナム軍の中に解放勢力のスパイ＝情報提供者や協力者＝が多数いたことはすでに言及したが、さまざまな局面で女たちは卓越した勇気と能力を発揮していた。

チン・トゥー・ガン（85歳）。戦争中はサイゴン政権の国会事務局に勤務しながら革命勢力のために情報を流す「スパイ」だった――こう書くと、近年のスパイ映画のイメージを持つ若い読者には、誤解されるかもしれない。

ホーチミン（サイゴン）市の中華街として有名なチョロン地区――高層マンションにある自宅でインタビューに応じてくれたガンは、小柄で快活で、ちょっとはにかみ屋の少女みたいだった。とても元闘士には見えない「かわいいおばあちゃん」という感じだ。

体験を語る「スパイ」戦士のチン・トゥー・ガン。（2023年8月27日、ホーチミン市チョロン地区）

ガンは1938年6月、サイゴン市の北西に位置するクチ県の農村で生まれた。ベトナム戦争中、クチは解放戦線の拠点となり、地下壕の戦争史跡「クチ・トンネル」で有名なところだ。伝統的に革命勢力が強い「鉄の三角地帯」と呼ばれる地域の一角、「抵抗の拠点」のようなところでガンは育ったわけだ。

11人きょうだいの末っ子として生まれた。父親は、抗仏戦争に参加したベトミン（ベトナム独立同盟）戦士。3人の兄がいたが全員が解放軍の兵士になっている。

ガン自身は、仏植民地時代にフランス

が開設した高等女学校を卒業後、成績も優秀だったので18歳で南ベトナム（ベトナム共和国）国会の事務局に就職し、書記となった。63年11月、25歳でベトナム共産党（当時は労働党）に密かに入党。その年は、解放軍が本格的な戦闘で南ベトナムのゴ・ディン・ジェム政権軍・米軍に初めて大勝した「アプバクの戦い」があった年でもあり、そのこともあってガンは正式に解放勢力の「情報員」となった。

その少し前、ガンには「好きな人」がいた。私の無礼な問いに、しばし沈黙していたが、顔を赤らめて「はい、いました」と答えた。相手は敵の南ベトナム軍の士官だった。相手も好意を示したが、立場の違いを考えて「きっぱりとお断りしました」という。

ガン（右）とアオザイ博物館のフェン・ゴック・バン館長。

その後、自らの思想・信条と合う党の幹部と知り合い、密かに結婚。男の子をもうけた。

サイゴン軍配置図も米軍組織図も漏れた

情報員としての仕事の内容は「南ベトナム軍の戦力配置図、『アメリカ軍事援助顧問団』と称した米軍の組織図など、国会議員らだけが閲覧できる秘密度の高い政府資料を革命勢力側に渡すのが私の任務でした。当時は今のようにコピー機などありませんから、勤務時間中に堂々と書記の特技である速記で書き写しました」と明かしてくれた。見つかったら大変なことになるという恐怖はなかったのか？「私の独特の速記文字は上司や速記技術のない人には読めないので、私のメモが見つかってもそう簡単にはバレません」と笑う。

それでも30歳になった68年の12月23日、執務中に憲兵に連行された。国家反逆罪容疑で逮捕され、サイゴンの警察本部に留置されてしまう。仲間が捕まって拷問でガンの名前を自白してしまったためだった。この年、米軍戦死者が3万人を超え、解放戦線側が南ベトナムの17省、5都市、１７００の村で革命行政委員会を樹立した——ハノイ放送がそう発表。サイゴン政府は戦況の悪化に焦っていた。

警察本部の留置場から1年後にはサイゴン市内のトゥードックやチーホア刑務所、悪名高い「虎の檻」で知られるコンダオ島の監獄などに、一定期間ごとに移された。

コンダオ島の収容所では戦後に国家副主席となるミーホアと一緒だった。互いに共産党員だとは分かっていた。獄中部屋が異なるので時々は掛け声で呼び合ったり、洗濯の時間や運動の時間には目くばせや動作で合図し合い、励まし合った。とにかく獄中では酷い食事に辟易し、飢えに苦しんだ。

「小さなカスカスの干し魚をウジのわいたようなニョクマム（魚の醤油＝魚醤）で食えというの」と思い出すのもつらそうだった。

一方、南ベトナム社会では、ガンの逮捕は、国会に入り込んでいたスパイ——という一大国家スキャンダルでもあったために拷問も過酷で、チュオン・ミーレが受けた以上のものだったと言える。

電気拷問や天井からの宙づり、水責めのほか、石鹸水を無理やり飲ませたり、日陰の一切ない刑務所の運動場で真夏の太陽に何時間もさらしたり……。

尋問・追及されたのは指導者や仲間の名前、持ち出した情報＝国家機密資料の特定だった。ガンはしかし、「私は一サイゴン市民にすぎません」と言い張って、党の秘密については一切口を割らなかった。結婚していることも、幼児がいることも一切言わなかった。「死にたい」と何度思ったことだろう。が、党の指導部は自殺を許さなかった。

何がガンを、こんなにも強くしたのか？

「共産党員としての誇り。信念です」としか彼女は言わないのだが……。そして解放の日まで7年近くも投獄されたのだ。当局は起訴できないまま、ガンを勾留し続けたのだった。

牢獄の外に出ると首都進撃の解放軍が

自由の身になったのはサイゴン陥落＝解放の1日前、1975年4月29日だった。最後の収容先はサイゴン郊外のビエンホアの刑務所だった。

「その日のことは鮮明に覚えています。傀儡軍が逃げてしまい、看守も皆いなくなっていたので、私たちは声をあげながら、外の人の力も借りて牢獄の門扉を壊して外に出ました」

脱獄してみると、街角や路上のあちこちに掲げられた「金星紅旗」といわれる今のベトナムの国旗があちこちでひるがえっているのが目に飛び込んできた。解放戦線の解放旗を掲げた解放軍の戦車が何両も待機していて、これから首都サイゴンに進撃するところだった。自由の身になれたことだけでなく、祖国解放が現実になったことも知り、「人生最高の日でした」と振り返る。

しかし、ガンたち共産党員はそこから一目散に家族のもとに向かったわけではない。

「私たちには、解放の暁には集合する、という場所が決められていましたから」

サイゴン市内の拠点に向かい、仲間と合流。休む間もなく、喜びの中で解放後の分担任務に就いたという。ガンにはお気に入りの白いアオザイ（民族衣装）があった。国会で働いている時は、いつもその真っ白なアオザイを着ていた。連行された時もそれを着ていた。獄中で拷問を受けた時も着ていたために、そのアオザイは血染めになっていた。解放後もそのアオザイはガンが戦争犯罪の証拠品として保管していたが、２０

統一後の革命政府からガンが受け取った白いアオザイ。今はホーチミン市のアオザイ博物館に寄贈され、展示されている。（提供／アオザイ博物館）

14年にホーチミン市内に開設された「アオザイ博物館」に寄贈した。

ガンはインタビューの終盤まで明かさなかったのだが、国会書記の仕事の合間には、武器弾薬の運び屋や米軍の要人暗殺の手引き・手伝いもしていたという。そんなときも白いアオザイを着用し、服の下には護身・逃走用のチェコ製の短銃を忍ばせていた。

戦後、党幹部から解放闘争の功労者として表彰を受けた際、「何か欲しいものがあるか」と尋ねられ、こう答えた。

「私の大好きな白いアオザイが血染めになったことは、ずうーっと気になっていました。もう一度、お気に入りの真っ白いアオザイに身を包みたいのです」

党からはすぐに真っ白なアオザイがプレゼントされた。しかしガンは、何度か手を通したあと、それもアオザイ博物館に寄贈し、今はそこに展示されている。博物館長のフェン・ゴック・バンが彼女の思いを代弁する。

「ガンにとってのアオザイは特別の意味を持つのです。軍人にとっての軍服と同じように、闘うための衣装なのです。だから解放された時の一番の願いは、やはりもう一度、新しい真っ白なアオザイを着たい、だったのです。そしてそのアオザイを通して、革命や闘いの意味を若い世代に伝えたいということだったのです」

博物館への寄贈の意味はここにあったのだ。

ガンは戦後、ホーチミン市で新政権の財政計画局責任者に就任。党の傷病兵委員会の副委員長などの重職も歴任している。

そんなガンは、いま米国をどう思っているのだろうか?

「かつては確かにアメリカは敵でしたが、今はそうした過去を閉じて、友人として一緒に平和を構築していきたいと考えています」

しかし、それは米国を相手に闘って、独立を勝ち取ったからこそ言える言葉であろう。日本はまだまだ米国の基地だらけで、米軍に依存し、米国に支配された従属国家だ——と嘆く私にガンはこう提案した。

「少しずつ変えていくしかない。基地を返還させた土地には博物館や資料館を建てたり、平和のとりでとして使うようにしてはどうですか?」

もう一人の女性闘士　米軍に捕らわれた恋人

もう一人の女性闘士を紹介する。トン・ティ・ティン。残念ながら昨年5月、81歳で死去している。

筆者にとって今回の旅は、ベトナム人にとって共産主義や共産党とは何だったのか、人々は何のためにこんなにも闘ったのか、闘えたのか——を問う旅でもあった。その意味を深く思索し続けてきた元人民軍機関

ティンが捕らえられたドゥクフォー西方の山中。

紙記者で、現代ベトナムの著名な作家グエン・ゴック（91歳）を訪ねた時、生涯の伴侶であったティンの存在の大きさに気づかされた。

『海のホーチミン・ルート』などゴックの著作の翻訳者として知られる鈴木勝比古の案内で、中部クァンナム省の古都ホイアンにあるゴック邸にたどり着いたのが8月末。もう1年半早く来るべきだった――ティンの遺影に手を合わせつつ、私は自らの不明を悔いた。ゴックによる亡き妻への愛情あふれる長い弔辞をもとに、関係者への再取材で彼女の人生を振り返る。

ティンは1941年、中部ビンディン省の農村タムクアン村で生まれた。極貧の家庭だったが、父は同省初の共産党支部の創設者。自宅が支部事務所となり、ティンも生まれながらにして党員のようなものだった。

当初はゲリラ部隊の文芸隊員を志したというから、感受性豊かな文学少女だったに違いないが、ハノイの専門学校で化学を専攻したあと、解放区の教員を増員するという党の方針で、ビンディン省の教師養成学校（今で言う教育大学）に進学する。党は60年代前半、中南部で拡大した解放区での教育環境を充実させるべく、派遣する中学教員の養成学校を中部にも開設したのだった。

ティンは21歳の時、名前もホー・タイン・タムと名乗るようになる。タムは彼女が愛した兄と同じ名前。

ホーは言うまでもなく、ベトナム人民の多くから「ホーおじさん」と親しまれていた革命指導者から取った。

しかし、その後、戦局は大きく変わっていく。65年3月、アメリカは中部ダナンに海兵隊を上陸させ「局地戦」を開始、直接軍事介入に出て、ベトナム戦争は新たな局面に入り、抗米戦争も本格化する。

ティンがタムと名乗り始めた頃、ゴックは人民軍からビンディン省に派遣され、同省カットソン山の党の連絡拠点でティンと出会い、恋に落ちる。二人は山中での短い夜の逢瀬の時間を大切にした。上空には「モホーク」と名付けられたグラマン偵察機が旋回しながら、解放軍側の補給路などの夜間捜索をしていた。

コントゥム省の山間に点在する先住民部落。

二人は「バラバラになっても手紙を出し合おうね」と約束し合った。そのときティンは「もし、まだ生きていたらね」と笑って答えたと言うが、それは彼女の覚悟であるとともに、二人の今後の困難を暗示する言葉のように、今の筆者には思える。

すでに中部高原や南部の解放区での従軍記者経験が長かったゴックは、若いティンの行く末を案じていた。まだ戦場経験が浅いティンが、①敵の動き方を知らないこと②地形に習熟していないこと③何かあったときに誰に頼って、どういう場所へ避難すべきか分かっていないこと——などから、犠牲になりやすいと踏んでいたのだ。

案の定、67年末、ビンディン省の視察から戻った軍機関紙の同僚が会議中のゴックを外に引っ張り出し、「あのタムがアメリカに捕まってしまった」と衝撃のニュースを耳打ちした。

「いったい、どこで?」

「ドゥクフォーの西の山の上」

獄中でも党支部結成　黙秘貫き情報渡さず

ドゥクフォー……本多勝一のルポ『戦場の村』にも「アメリカ軍の前線基地」の章立てで紹介されている、米第1空挺師団の拠点だ。部隊は中部高原全体を「激戦地」にした「最強の空挺部隊」と言われていた。

ちょうどティンが捕まったのと同時期に、本多は米軍ヘリで現地入りしていた。米軍監視下の「従軍記者」として不自由な取材ながら、近くの避難民収容所のスシ詰め収容の実態を報告したり、米軍が地元農民からコメを「戦利品」として「泥棒している」ことを告発したりしている。戦況はますます緊迫していた。

さらにそのドゥクフォーの「西方」というと、中部高原を貫くチュオンソン山脈の最高峰ゴクリン山（標高2598メートル）に続く、「地理的な険しさ、戦略的な厳しさ」で名だたる土地であることは、ゴック自身がよく知るところだ。ゴックには、鈴木が訳した『ベトナム戦争の最激戦地　中部高原の友人たち』（めこん・2021年）という名著もある。

「ティンはなぜ、あんなところに駐屯したのだろう?」

疑問と不安がゴックの脳裏に渦巻いた。ティンが、ヘリ部隊で降下してきた兵士たちに銃撃され、負傷して避難していた洞窟の中で捕まった、という拘束時の詳細もわかってきた。

その後、ティンは73年末まで米軍の捕虜、つまり「米国の囚人」として、南部や中部高原にあるほぼすべての監獄を経験することになる。ゴックは必死にティンの消息を追い求めたが、「彼女はすばらしい。監獄内に党支部をつくって、省の党委員会と連絡をつけることができた」などの情報が得られた一方で、監獄を移送されるたびに「厳しい拷問にも耐えた頑固な囚人」といううわさが伝わり、「拷問で殺されてしまうのでは？」、ゴックにとっては夜も眠れぬ日が続いた。

実際に釈放されてから分かったことだが、ティンの両手首の骨は度重なる拷問で折れて砕けていた。「体中のあちこちが痛むので、両手首の複雑（粉砕）骨折には気づかなかったの」と、ティンはのちに最愛の人

悪名高い懲罰用独房「虎の檻」。拷問に自白しない政治囚などは直立も横になることもできないような、この有刺鉄線に囲まれた狭い檻に２～３人で収容され、戸外に放置される。これも拷問の一種だ。

コンダオ島や各地の監獄にあったさまざまな拷問設備も保存されている。（どちらもホーチミン市の戦争証跡博物館で）

に語っているが、出獄後の療養のために移送された当時の東ドイツの病院で初めてこの粉砕骨折の箇所が明らかになり、何時間もかけた大手術でつなぎ合わせることができた。

サイゴン軍のある元憲兵大尉はティンを何日間も拷問しつつ、厳しい尋問をしたが、得るべき情報は何一つ得られず、「ただただ女性革命家の気概に圧倒されただけだった」とグエン・ゴックに語っている。

戦時の英雄が平和の中、ふつうに生きる難しさ

結果として、ティンは73年のパリ和平協定後の捕虜交換で、解放側に引き渡されるのだが、この時の捕虜交換場所となった中部クァンチ省のタクハン川にかかる橋を挟んで、南部政権の代表団の中に、この憲兵大尉がいた。大尉はティンを見つけるや恭《うやうや》しく頭を下げ、「本日、あなたは戦勝者です」と讃えた。ティンは「今後、祖国が統一したら、あなたを北部に招待できることを願っています」と返している。

ティンの釈放後の74年、任務でハノイに出張したゴックは、恋人がベルリンで治療中であることを知る。紆余曲折はあったものの、上司の配慮でゴックもまたベルリンに行くことができ、二人は彼の地でようやく再会できたのだ。

治療後、二人は一緒に帰国し、ハノイで結婚。しかし、ゴックは再び南部の戦場に戻ってサイゴン解放の年の75年末まで、南部で任務を遂行していたため、二人が継続的に一緒にいられたのは、それからである。

その後の数十年、ティンと生活をともにしてきたゴックは、しかし、ティンが家族のように親しく慈しみ合うのは自分ではなく、獄中時代の友人たちであることを悟る。

教師でもあったティンは、獄中でも女性囚のために秘密裏に粘り強く、〝文化教室〟を組織し、識字教育で獄中者全員に読み書きを教え、場所によっては中学卒業水準の学力を身につけさせていた。

「彼女たちの間には特別の記憶、特別の苦痛と幸福の体験があり、特別の言語と雰囲気があり、生死をかけた闘いをくぐり抜けた特別の世界があり、私自身、ティンの最も親しい人間でありながら、そこには参入することも、気持ちを分かち合うこともできないのです」

参入できない、闘うシスターフッドの世界……。思慮深く、謙虚な文学者がたどり着いた「文学の限界」もまた、このようなものだろうか。

「実を言うと、時おり私は、戦争の中でそのように厳しく頑強に生きた人物が、平和の中でどのように生きるのかを見てみたいと思っていました。戦争の中で英雄的に生きた人が、平和の中でふつうに生きることは、たやすいことではない。ふつうというのは一つの特性であり、真に純粋な人のみに備わるものなのです」

トン・ティ・ティンの遺影。（2023年8月23日、ホイアンのグエン・ゴック氏宅の祭壇で）

ティンは戦後の地域社会の中でも変わらず、「率直で公正でいかなる偽りも許さず、気取らず謙虚でした」と語る。ゴックは続ける。

「平和時の格闘は戦争時のそれよりも何倍も厳しく、険悪ですらある。文学の革新、社会や国の革新（経済政策の場合は「ドイモイ」）はきわめて複雑、困難で危険に満ちているのです」

戦争体験だけではなく、戦後の国や地域の再建、傷ついた人間関係の回復の方がより苛

時折、目頭を押さえながら妻の想い出を語るグエン・ゴック氏。（8月28日）

酷なのだ――ベトナム人民の多くは、こうしたことを学びつつ、今も試行錯誤しながら各自の「戦後」を生きている。

一方で、ベトナムに侵略戦争を仕掛けたアメリカは、その失敗から一体何を学んだのか？　今も世界中で侵略戦争を繰り返しているアメリカは、倫理的にもベトナムに負けているのだ。本多勝一がルポをした『アメリカ合州国』の次の課題であろう。

「残された者たちの孤独ははかり知れません。私の愛するタムよ。もうあなたは行きなさい、行きなさいね。永遠の安息の地に行きなさい」

長い詩のような弔辞は、そう締めくくられている。

4

今もひろがるダイオキシン災害

ブーメラン被害の米兵だけ救済する米国

「密林を拠点に反撃し続ける共産ゲリラ」に手こずったアメリカは１９６１年、強力な除草剤を空から大量散布し、「ベトコン（南ベトナム解放民族戦線の蔑称）を隠れ家ともども根絶やしにする」という枯葉剤作戦に乗り出した。作戦を指示し、戦争を拡大したのはＪ・Ｆ・ケネディ大統領。彼を「リベラルな平和主義者」などと呼ぶのは悪い冗談だ。枯葉剤による環境破壊については、本多勝一もルポルタージュ『戦場の村』などで厳しく告発しているが、人体と生態系への影響が世代と国境を超えて今もひろがっていることは、予想できていなかった。もう一つの戦争犯罪を報告する。

障害に応じて黙々と訓練　ひ孫世代の発症者も

学習室ではさまざまな障害をもった10代～30代の若者たちが、声を出して小学校低学年程度の読み書きや算数、絵の練習をしていた。しかし、隣接の訓練室に入ると一転、その静けさに息をのんだ。

不自由な手足を懸命に動かし机上のパソコンを操作する人、色とりどりの糸を掛けた機織り機械を巧みに操ってショールやスカーフ、マフラーなどを編んでいる人、レース布地に見事な刺繍を施している人……。技能や習熟度によっていくつかの部屋に分かれるが、どの部屋でも皆、黙々と作業を続けている。

私たちが首都郊外にある「ハノイ国際友好村」を訪ねたのは、8月21日のことだった。枯葉剤は、催奇形性や発がん性などの強い毒性をもつダイオキシン類を高濃度に含むが、枯葉剤に被曝して特定の疾病（表1）を発症したベトナム軍将兵や民間人とその子どもたちの治療と社会復帰のための施設だ。

ドイツ、フランス、イギリス、カナダ、アメリカ、日本の6カ国にベトナムを加えた7カ国の政府や民間団体が、拠出金や寄付を集めて設立した国際組織によって、運営されている。村の建設は、侵略側として参戦中に自らも枯葉剤被曝者になってしまった米国の退役軍人ジョージ・マイゾーの発案だった。枯葉剤の被曝症候群は皮肉にもブーメランのように、米国のベトナム帰還兵の間でも多発していたが、ベトナム国内での被害の深刻さに心を痛めたマイゾーらが、1993年から各国政府などと交渉、実現させた。

資金調達に5年を費やしたが、加害者の米国政府は、自国籍の被害者以外には

［表1］米・退役軍人省が認めている枯葉剤被曝による主な特定疾患

米資料を基に筆者作成

▶塩素挫創、軟部組織肉腫、ホジキン病（悪性リンパ腫）、晩発性皮膚ポルフィリン症、多発性骨髄腫、呼吸器がん、前立腺がん、末梢神経障害、2型糖尿病、リンパ球性白血病、原発性アミロイドーシス（異常たんぱく質沈着による機能障害）

▶被曝兵士の子どもの特定疾患＝脊椎披裂、軟骨発育不全症、口唇裂・口蓋裂、慢性心臓疾患、内反尖足、食道・腸閉鎖、ハラーマン・ストライフ症候群（眼球、顎、顔貌、少毛髪、低身長などに特徴をもつ）、股関節形成不全、先天性巨大結腸症、水頭症、尿道下裂、鎖肛、神経管欠損、ポーランド症候群（胸筋欠損や手足の発育不全）、幽門狭窄、合指症、気管食道瘻、停留睾丸、ウィリアムズ症候群（精神発達遅滞や心血管病変を伴う隣接遺伝子症候群）

不自由な手で器用に機織り機を操り、色鮮やかな見事なショール作品を編み上げるレーノ・ハインさん。筆者がかつて取材した脳性麻痺の人の症状と同様の機能障害に見えた。枯葉剤の被曝２世だという。

補償さえしていない。マイゾーらの呼びかけに応えた各国の官民団体の協力で２５０万ドルの立ち上げ資金が集まり、今の敷地に10棟の建物を建設。職業訓練校と普通学校も併設し、１９９８年3月18日の開所以来、25年が経つ。

友好村のような国際団体や宗教団体、官民連携による支援施設は国内に12カ所あるが、ハノイ友好村は古都フエを中心としたトゥアティエン・フエ省など北部34省で暮らす被害者とその家族を支援対象にしている。これまでに枯葉剤を直接浴びた人民軍将兵や、軍需物資の秘密の補給路となった「ホーチミン・ルート」の開設・整備を担った青年突撃隊員、解放戦線のゲリラ兵士や民間協力者など約７０００人、その子どもや孫たち約７００人が、ここで治療やリハビリに取り組んできた。

私たちが見学させてもらった学習室や生活訓練・職業訓練棟には、枯葉剤を直接浴びた第1世代はいなかった（治療棟にはいたのだが……）。ダイオキシン被害に典型的なクロルアクネ（塩素挫創、塩素ニキビ）

のような皮膚疾患が表面的にひと目で分かるような人は見かけなかったが、筆者がかつて取材した脳性麻痺（CP）やダウン症と同様の症状の人、発育不全や知的障害、四肢の先天的奇形、機能不全の人たちが目立った。

今、友好村で暮らしながら生活訓練・職業訓練を受けているのは「戦後生まれ」の2世や3世、つまり直接被曝者の子どもや孫世代の若者約120人。最近では先天的障害をもった第4世代（ひ孫）も生まれ、各地の同様施設を利用し始めている。

南ベトナムのジャングルに枯葉剤を散布する米空軍のC 123 輸送機編隊。（USAF のサイトから）

静かな作業場で訓練生らに声をかけると、しばし手を休めてゆっくりと首をまわし、こちらを向いて微笑んでくれる人もいるが、じっと無表情のまま遠くの方を眺めたままの人もいる。反応を示してくれた人たちは皆、人なつっこくて底ぬけに明るいことにも驚く。この明るさはどこから来るのだろうか？

私が首から下げた大きなフルサイズカメラに興味を示して触りまくり、勝手にシャッターを押そうとする少年、私の腕を引っ張ったり、できあがったばかりの自分の作品を懸命に説明しようとしたり、唾液がこぼれながらも、ゆっくりと何かを語りかけてくる少女……。

日本の民間団体から贈られたパソコンが並ぶ教室でキーボードを叩いていたダット（18歳）は「将来はコンピュータを使う仕事に就いて両親とヒエン先生（指導教員）を喜ばせたい」と夢を語る。

ダットはハノイ北東のバクザン省の貧しい村の生まれだ。故郷の村には米軍による枯葉剤散布の記録はないが、大量に枯葉剤が撒かれた紅河デルタ地帯には近接している。枯葉剤に最も汚染されたのは中南部だが、ベトナム戦争では多数の北部出身兵が南部戦線で戦って被曝し、戦後は多くが帰郷している。特に2世以降の重症被害者は国内全域で発症していると言っても過言ではない。

筆者に自分が織ったストールの中から深い濃紺の作品を選んで格安で売ってくれたレーノ・ハイン（30歳）は脳性麻痺と同様の症状で、右腕の骨も曲がっていて不自由そうだが、笑顔が絶えない。機織りを学んで4年が経つが、彼女の織る色彩豊かな独特のデザインのショールやスカーフは人気が高く、いくつもの作品が訪問者に買われている。

被害を抱きしめて生きる　終わらない私たちの戦争

私たちが帰途につく時、ハインは玄関まで出て、いつまでも手を振ってくれていたが、私たちの乗ったバスが動き出すや否や突然走り出し、バスを追いかけだした。門を出る直前で職員らに制止されていたが、私も車窓にしがみついて開かない窓ガラスをしきりに叩いていた。ハインの顔は笑っているようにも、泣いているようにも見えた。

ハインがほんとうに訴えたかったことは私には理解できていないと思う。が、教職員からは彼らの指導原理のようなものを聞いていた——、子どもたちの声に懸命に耳を傾けながら、子どもたちの身に起きた悲劇を嘆いたり恨んだりするのではなく、「被害とともに生きていく術」を伝えたい、という強い思いだ。被害者は自らの被害と向き合いつつ人間性を高めている。加害者の多くは今も現実から目を背け、逃げ回っている。

ベトナムで先天性障害児を数多く撮影してきた報道写真家の中村梧郎（82歳）も、似たような経験をしている。左右両手の指先が2本ずつくっついている重い合指症の5歳の少女ホンを取材していた中村は、35歳

ほぼ丸一日、落花生の殻剥き作業を続ける被曝２世・３世の子どもたち。ダウン症に似た症状の子もいた。この作業にも参加しない、あるいはできない40歳近い男性は、ぼんやりと眺めているだけだった。国際友好村の職業訓練棟で。

になったホンに再会。彼女は癒着した手先を器用に使いながら焼き肉屋で働いていた。中村が「切り離し手術をすれば、指も使いやすくなるよ」と言ってみたら、彼女は「この手は親からもらったもの。手術するつもりはありません。このままでもちっとも不都合はありません」と明るく返してきた。

友好村ではパソコン技術や機織り技術を身につけた人は、数カ月～数年で卒業し、就職していくが、長くいる人は20年以上生活している。

障害が重度で四肢を動かすのも困難な人は、落花生の殻を剥く作業だけをずうーっとしている。それを横でぼんやりと（そう見えた）眺めているだけの40歳近い2世の人もいた。

枯葉剤の散布自体は半世紀前に終了しているが、ダイオキシン類は自然界に残留して地下水系まで汚染し、生態系の中では野生生物などの食物連鎖で蓄積、数十倍から100倍にも濃縮したり、化学変化したりする。中部ダナンなどでは旧米軍基地にあった貯留タンクやドラム缶入りの薬剤の漏出事故などで、基地周辺の汚染も深刻で被曝者・被害者は今も増えている。実際、生まれた時に先天性障害は見つからなくても、成人してから発症し、こうした施設に入る人も後を絶たない。

「私たちが胸を痛めているのは、この被害のひろがりがいつまで続くのか、いつ終わるのか、分からないことです。ときどきつらくなります。枯葉剤被害が続く限り、私たちの戦争は終わらないのです」

刺繍の指導をしていたタオ先生が、子どもたちからそっと離れて心情を吐露した。30代のタオ先生自身が、友好村で刺繍教師だった母親の定年退職に伴い、ここで働き始めて6年目の2代目だった。

死産流産の実態つかめず　山中で救われた障害児

山岳民族タオイ族の母子。「すごい量」の枯葉剤を浴びた母は流産の後、口唇裂のベエを産んだ。中部の古都・フエから西方の中部高原の中に、このアールォイ渓谷があった。1982年6月のことだった。（撮影／中村梧郎氏）

さらに難しい問題もある。

「シャム双生児」と称されて有名になった二重体児「ベトちゃん・ドクちゃん」が生まれたのが、枯葉剤散布が激しかった中部高原コントゥム省の山村で1981年2月25日のこと。戦争終結後6年近くが経過していた。

先天性奇形児の出産や流産・死産は戦後もずっと続いているが、正確な統計さえない。WHO（世界保健機関）の推計では枯葉剤による疾病を発症したベトナム人480万人のうち100万人が高度の汚染を被っており、うち70万人が障害児、さらにうち15万人が知的障害や視聴覚障害児。41%が自立生活を送れず、53%が貧困ライン以下の家庭だという（2005年、ミー・ドアン・タカサキ論文）。

ベト、ドクが分離手術を受けたホーチミン市のツウズウ病院の2004年の記録では、平均して2日に1件の先天的奇形児の出産があった。年間約4万4000件の出産のうち、枯葉剤被害とみられる先天性障害は７００件（１・６％）を上回っている。

枯葉剤散布との因果関係の立証が難しい中で米政府は一貫してこれを否定し、ベトナム人民の被害者や韓国帰還兵など他国民には補償も拒んでいる。

エージェント・オレンジ（枯葉剤）の散布地図

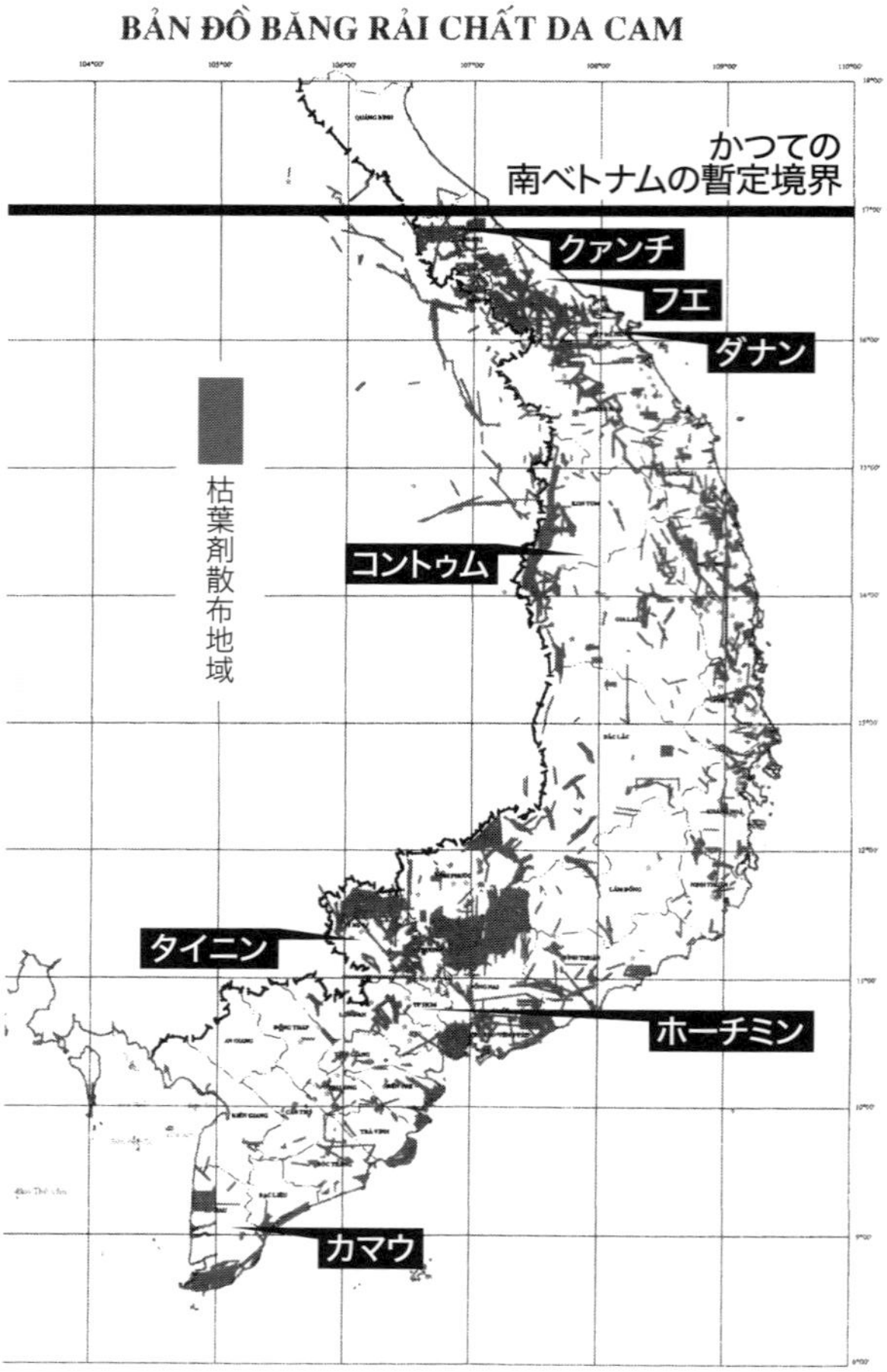

米軍による枯葉剤散布地域は穀倉地帯のメコンデルタから山岳・森林地帯のホーチミン・ルートを中心に南ベトナム全土の14%に及び、マングローブの40%が枯死した。（ベトナム政府資料などから中村梧郎氏が作成された地図に編集部が地名を載せた）

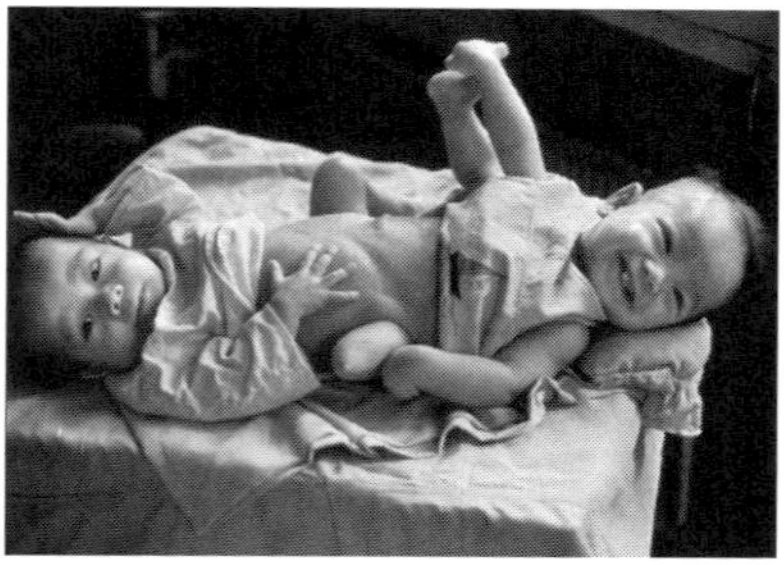

生まれて10カ月後のベトとドク。下半身が癒着して一体となり、足は２本だけ。医師がベトの耳を引っ張るとベトは泣くがドクは平気。２人の神経系は独立していた。中村氏の撮影時は２人とも「元気いっぱい」だったという。1981年12月。ハノイ市のベトドク友好（越独）病院で。（撮影／中村梧郎氏）

「奇形児を出産したり、その可能性を疑ったりした母親が人工中絶を選んだり、枯葉剤被曝者の両親が子づくりをあきらめたりする例も少なくありません。簡単に答えは出ません」と教育担当者は話す。

実際、戦争終了直後からホーチミン市の北西タイニン省などでは山林の中に捨てられた先天性障害児が何人も救出されたり、死後に見つかったりしている。母親がこの子は生きながらえることはできない、育てられない、と判断したのかもしれない。

24年間、友好村で働いている展示担当のハーは「枯葉剤被害は今も続いているのに、国際的関心が薄れていくのが心配です」と不安を語る。ベトナム各地の観光地などでは、枯葉剤救済のための募金箱があちこちに置かれている。

自らも枯葉剤被害者の傷病兵であるベトナム人民軍のグアン・ディン・ドゥック退役大佐が枯葉剤被害についてのベトナム政府の知見を語ってくれた。ベトナム戦争前、祖国を南北に分けていたベンハイ川に沿った北緯17度線のすぐ南、クァンチ省の被害者組織の責任者でもある。現地での彼の説明に、日本における枯葉剤問題の第一人者、中村梧郎による解説も加えて補足する。

【表2】1962～71年、南ベトナムで米軍が散布した枯葉剤の種類ごとの量（ℓ）と割合（%）

ピンク剤	495,190ℓ	0.6%
パープル剤	1,892,773ℓ	2.5%
オレンジ剤	49,268,937ℓ	64.0%
ホワイト剤	20,556,525ℓ	26.7%
ブルー剤	4,741,381ℓ	6.2%
合計	76,954,806ℓ	100%

オレンジ剤が6割以上を占め、軍内でエージェント・オレンジというコードネームで総称されていた理由がよくわかる。

米資料を基にミー・ドアン・タカサキ氏作成

枯葉剤は米軍の中では「エージェント・オレンジ（オレンジ剤＝AO）」というコードネーム（識別暗号）で呼ばれてきたが、薬剤の成分の違いによっていくつかの種類があり、収納する缶容器によってオレンジのほかに、ヒ素を含むブルー、グリーン、パープルなどと色分けされた。

ベトナムに散布された枯葉剤の総量は、少なくとも9万キロリットルとされているが、その過半を占めるオレンジ剤を構成する2,4,5-Tなどは日本でもかつて除草剤として農薬登録されていた。猛毒のダイオキシン類（ポリ塩化ジベンゾ－パラ－ジオキシン＝ダイオキシンなど）＝ＰＣＤＤなど、ベトナム全土に少なくとも数百キログラムのダイオキシン類がばら撒かれたことになる。

その急性毒性や遺伝毒性はきわめて高く、モルモットの半数致死量はダイオキシンの種類にもよるが、体重1キロで０・６マイクログラム。人間に適用可能なデータはない。

ホーチミン・ルートの可視化　ゲリラ兵糧攻めが狙い

ベトナムでの散布は、山岳部の山林に隠されたホーチミン・ルートの可視化と解放勢力の食糧となる農産物の畑や水田を全滅させることを目的に、まずは山岳少数民族が暮らす中部高原コントゥム省の山林で１９６１年８月10日から始まった。

10年余りの間に北部から南部メコンデルタのジャングルにまで拡大した。71年には中止となったものの、米軍や米政府の自主的判断ではなく、国際世論からの批判と圧力に加えて、米国内の科学者からの批判（アメリカ科学振興協会＝ＡＡＡＳ）やアメリカ植物学会からも出ていた抗議と中止決議（５０００人が署名）などに押されてのことだった。

そもそも枯葉剤作戦実行のケネディ決定の前に、植物への影響・効果は何度も綿密な試験と検討がされていることはもちろんのこと、「米政府と米軍中枢はその人体毒性も熟知していた」と中村は証言する。枯葉剤を軍需で米軍に納めていた化学企業ダウ・ケミカル社（ベトナム帰還兵らによる訴訟の被告企業の一つ）が、60年代半ばの米軍委嘱研究の中で毒性の詳細を掴んでいたことを、米連邦地裁の審理の中で明らかにしていたからだ。

それだけではない。一貫してケネディ政権が作戦を主導してきたのに、散布を実行した空軍輸送機の機体には当初、サイゴン政権の国旗が描かれ、パイロットは非戦闘員のユニフォームを着用するよう求められていた。米政府は国際法違反の枯葉剤使用の責任を逃れるためのこうした偽装をしただけでなく、南ベトナムのゴ・ディン・ジェム大統領に「枯葉剤は人体には一切害を及ぼさない」と宣言するよう求めたという(『ベトナム戦争におけるエージェントオレンジ　歴史と影響』レ・カオ・ダイ著)。ホワイトハウスが戦闘での枯葉剤使用を公式に認めたのは65年9月になってからだった。

ハノイ国際友好村を訪ねた日本の市民訪問団と記念撮影するグエン・タン・ロン村長（前列中央）。

　友好村のグエン・タン・ロン村長は、サイゴン解放の戦闘にも参加した革命戦士で国防省参謀本部の幹部だった。ベトナム共産党政府は、枯葉剤被害者を「革命功労者」として生活支援し、その子どもたちも含めて約３００万人に障害者証明書を交付、健康ケアやリハビリの補助金予算も組んでいる。

　この25年間を以下のように総括した。「日本からのコンピュータや機織り機などの寄贈をはじめ、各国から多くの支援をいただいて感謝しているが、まだまだ施設に不十分なところもあり、今後は国際的な財政支援も先細りしていく懸念もあります。治療やリハビリ対象者も第1世代だけでなく、第2~3世代も高齢化は避けられず、効果的な治療も難しくなっていく。私たちの責任で克服していく課題です。枯葉剤被害に、終わりはない」

　具体策としてベトナム政府はいま、先進各国から専門家や研究者を招いて国際的な知見を収集するとともに、ダイオキシン類被曝から生じることが分かった13種類のがんについて、症状ごとに治療法を研究開発し、医療現場で適用していく方針だ。

枯葉剤・ダイオキシンをめぐる主な出来事

作成／筆者

1954年6月	米、対ベトミン（ベトナム独立同盟）破壊の秘密作戦開始
7月	サイゴンにバオダイ／ゴ・ディン・ジェム政権樹立。 ジュネーブ休戦協定。北緯17度線を暫定境界に。1年後の統一のための全国自由選挙（米国は署名せず／実現せず）
1961年5月	ケネディ大統領、南ベトナムへの特殊部隊や軍事顧問団を派遣、北ベトナムへの秘密作戦を承認
8月	米、枯葉剤散布を中部高原コントゥム省の山林で開始。71年の中止までに空中散布は2万回に及んだ
1962年4月	米、「戦略村」計画開始
1964年8月	米、トンキン湾事件を謀略
1965年3月	米、北爆本格化。海兵隊、中部ダナンに上陸
1968年10月	カネミ油症被害の食中毒事件が西日本で大規模に発生。保健所への届け出、約1万4千件。
1971年10月	ニクソン大統領が枯葉剤作戦の中止表明
1975年4月	サイゴン陥落（解放）
1976年4月	統一国会のための総選挙
5月	報道写真家・中村梧郎、メコンデルタ・カマウで枯葉剤被害の実態を撮影
7月	ベトナム社会主義共和国誕生。 イタリア・セベソで農薬工場が爆発し、ダイオキシン類を放出。近隣住民の間でがん発生率や奇形出産率の増加が報告されている
1978年7月	ベトナム帰還兵らがダウ・ケミカル、モンサントなどを相手に集団提訴
1981年2月	コントゥム省で二重体児ベト・ドク誕生
1985年5月	化学会社1億8000万ドルの支払いに同意
1988年10月	ホーチミン市のツウズウ病院でベト・ドク分離手術
1996年5月	クリントン大統領、帰還兵と一部の子どもの被害を認め、補償金支払いに同意
1997年9月	シーア・コルボーンら『奪われし未来』で農薬・ダイオキシン類など環境ホルモンの攪乱作用の危険性に警鐘を鳴らす
1998年3月	ハノイ市郊外に枯葉剤障害者のための施設・国際友好村が開所
2004年1月	ベトナム人被害者、米化学会社相手に謝罪と補償を求めて連邦地裁に提訴
2005年3月	連邦地裁はベトナム人被害者の訴えを棄却。「信頼できる疫学調査がない」。09年に最高裁不受理
2007年10月	脳障害に苦しんでいたベトが腎不全と肺炎の併発で死亡
2016年10月	長年の枯葉剤のずさんな貯蔵・管理により土壌の汚染が進んでいたベトナム中部ダナンの元米軍基地跡地で米国負担による除染作業
2018年1月	ホーチミン市で枯葉剤被害者救援の第1回「オレンジ・マラソン」開催
2022年1月	全国の国有林でダイオキシンを含む除草剤2,4,5-Tが埋設され、漏出しているとNHKが九州沖縄のみで放映
8月	福岡県久留米市の住宅地の井戸から環境基準の6倍のダイオキシン類を検出していたことが発覚。近隣に農薬工場跡地があり、長年土壌汚染が続いていた
2024年1月	第4回オレンジ・マラソン開催へ

5

写真による戦争犯罪告発

中村梧郎が語る〝枯葉剤被害の今〟

ベトナム戦争中のアメリカによる枯葉剤散布は１９６１年から約10年間続き、北から南への兵站補給路「ホーチミン・ルート」が国境を越えて西側にはみ出すラオスやカンボジア領内にも及んだ。主として薬剤散布用に改造された米空軍のＣ１２３輸送機で空中から、時にはトラックや手持ち噴霧器で地上から、猛毒の除草剤が大量にばら撒かれた。前章に引き続き、アメリカによる「もう一つの戦争犯罪」をさらに深掘りし、ダイオキシン被害追及の先駆者で報道写真家の中村梧郎さん（83歳）とともに考えた。

「枯葉剤散布」と「戦略村」——同時並行で進められた二つの作戦は、共通の意図で結ばれた強い連関のあるものだった。

本多勝一は、ルポルタージュ『戦場の村』（朝日新聞社）で、ベトナム戦争中の戦争犯罪の一つとして、米国が推し進めた「戦略村」作戦については厳しく批判している。

農民ゲリラに手こずった米国は、彼らが「ベトコン」（「ベトナム・コミュニストのアカ野郎」といった趣旨）と蔑称していた南ベトナム解放民族戦線の戦士らと、「一般農民」を切り離して接触させないよう、農村の民を有刺鉄線や竹槍で囲った人工の村に強制移住させ、集中管理する「戦略村」をあちこちに建設した。

強制移住＝強制連行を実行したのは南ベトナムの傀儡政権ゴ・ディン・ジェム大統領だ。１９６２年春から始まった作戦は、ジェムが退陣するまでに８２０万人を故郷の村から追い払い、「難民」化させた。作戦は農民の憎悪の対象となったが、移住を拒否・抵抗した農民には銃も戦闘機も容赦なかった。

戦略村と同様の構造

パレスチナ・ガザでは同じ光景が現出した。「避難」という名の強制移送＝故郷追放だ。「国際人道団体」が「人道・中立」の名の下にこうした移送に結果的に手を貸してしまっているのだ。

イスラエルはガザ地区を高い壁で封鎖して以降、〝善良な一般市民〟と、「獣」扱いしているイスラム抵抗運動「ハマース」が接触しないよう、ガザの南北分断を図っている。言うまでもないことだが、ハマースはパレスチナ人であり、パレスチナを構成する当事者である。日本の新聞を読んでいるとハマースがまるで外部から侵入してきたテロリスト集団のような印象を受けてしまう。54年のジュネーブ協定以降のベトナムの南北分断＝「共産主義者は北へ、自由主義者は南へ」のイデオロギー的刻印は、朝鮮半島の南北分断にも利用されている。

１００年前の関東大震災における朝鮮人虐殺も、ハマースの抵抗・反撃へのイスラエルの逆襲テロや、第1章で報告した米軍による「ソンミ虐殺」と同様の構造をもつ。決して「狂った人々による偶発的事件」ではなく、侵略者や植民者、弾圧者から見れば、抵抗する人々がすべて「共産主義者＝革命勢力」に見えてしまい、おびえるのだ――「民族的恐怖心」と呼んでもいいが、これがレイシズムの一つの現れ方だ。

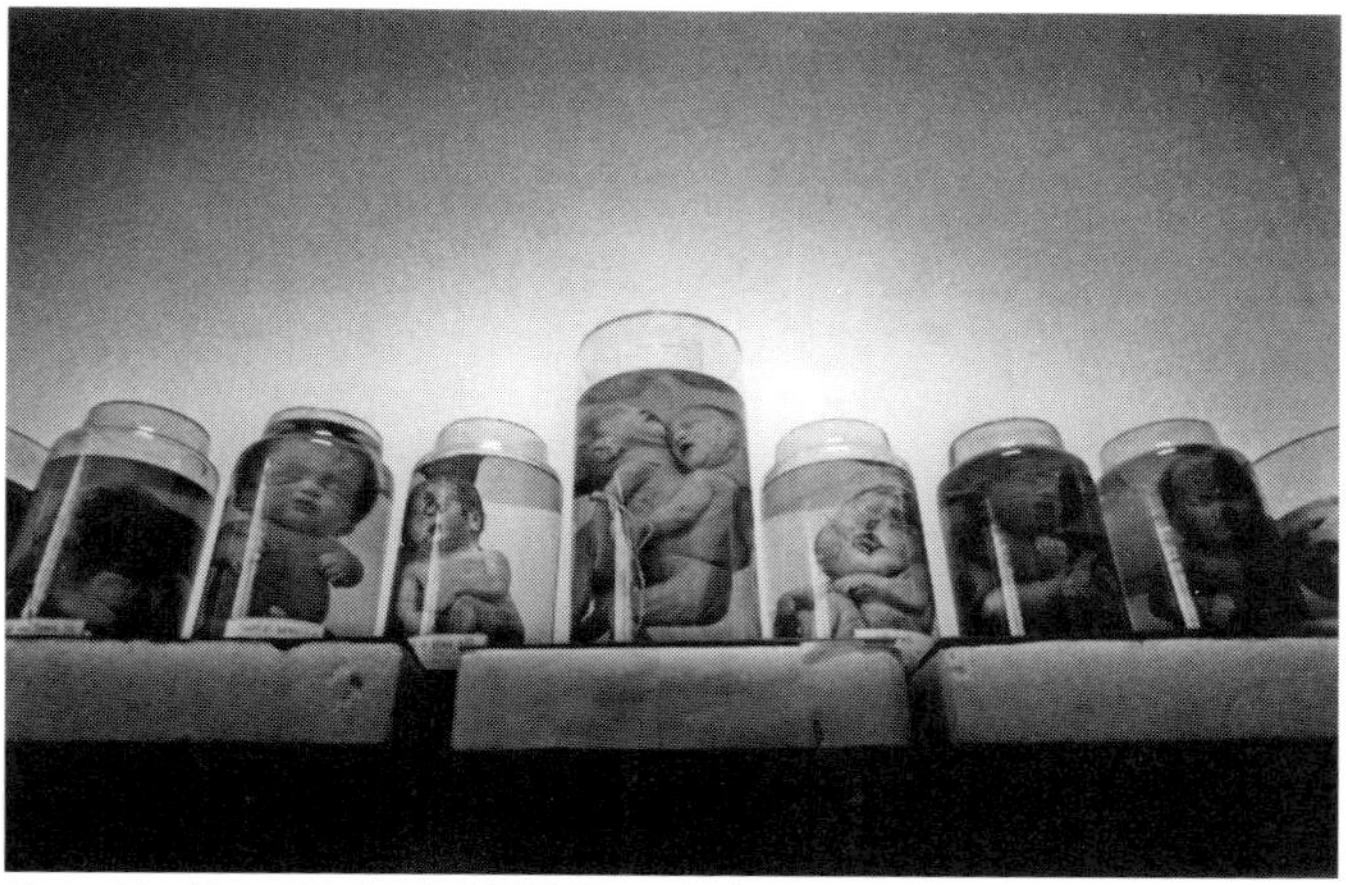
ホルマリン液中の流産した奇形胎児らの標本。ツウズウ病院で。（撮影／中村梧郎氏）

ソンミ村ではカリー中尉らの部隊は、命乞いをする年寄り、女、子どもを前に「ベトコンども」と言って銃を乱射した。侵略に対して武器をとって蜂起し、抵抗する者たちを、侵略者が「テロリスト」と呼ぶのも世の常だ。

パレスチナでは、戦車や装甲車に石礫を投げるしかない少年までもが、イスラエル軍や警察に「テロリスト」として連行されている。「テロへの闘い」の正当化のためには、レイシズムや共産主義への偏見、ヘイトによる洗脳など、あらゆるプロパガンダが動員されてきた。それが戦争だ。

「枯葉剤の対人散布」作戦は、たとえ「不純物として」であったとしても、枯葉剤に大量に含まれるダイオキシン類が猛毒であることを熟知したうえで、事実上の化学兵器として戦場で使用している。明らかな国際人道法および国際法違反の行為だと、「殺される側」に立つ法学者は考えている。

被曝証言の共通項

しかし、解放軍側であろうが、米兵であろうが、戦闘中の兵士であろうが、農作業中の農民であろうが、枯葉剤に曝《さら》されてしまった者の被曝証言には、共通項が多くある。

「輸送機の爆音とともに突然、濃い霧や白いミストのようなものが空から降ってくる」と、多くの場合避ける間もなく、知識や情報を欠く農民や親子は、濡れた衣服が乾くのをせいぜい待つぐらいしかなかった。米兵の間でも、地上での戦闘や索敵中に連絡ミスなどから浴びてしまった者が少なくない。が、「人畜無害の農薬」などと聞かされていた者も多く、「シャツから下着まで散布液でぐっしょりと濡れたまま、着替えもなく、半日から1日を過ごすこともしょっちゅうだった」と中村梧郎氏に証言している。

今夏、ベトナムでの現地取材から帰国した筆者は、すぐに中村氏に連絡を取り、前章のハノイ国際友好村の若者たちの様子を報告するとともに、「枯葉剤被害のその後のひろがりや現状」について話を聞いた。

石川文洋氏の戦場写真のリアルさともまた違う、中村氏の「特ダネ」のモノクローム写真には「戦争犯罪」への怒りだけでなく、被写体と向き合う撮影者の誠実さ、生命への敬意が静逸さとして沈潜している——「中村梧郎」にしか撮れなかったこれらの写真は、国際社会に衝撃を与え、日本国内でも世論を動かし、ベト・ドク救援運動をまき起こした。

インタビューの冒頭で、時間を割いて中村氏の生い立ちを尋ねたのには理由がある。被害者である彼ら彼女らを執拗に探し出し、その障害の苛酷さにレンズの焦点を合わせ、震えを抑えてシャッターを押す力の源となったのは何なのか？　その背景を理解したかったのだ。実際、中村氏にとっては少年時代の〝難民〟体験が、戦争犯罪に対する鋭い批判精神を生む土壌になっていることを確信できた。

【中村梧郎氏インタビュー】

――中村さんはベトナム戦争の報道写真家としても有名ですが、二重体児ベト・ドクの写真を日本に最初に伝え、分離手術にも唯一立ち会いを許され、渡米してベトナム帰還兵の問題も追及してこられた。国際的にも知られた枯葉剤問題の専門家です。ベトナムとの出会いを、これまでの人生とともに教えてください。

僕はもともと北京生まれで、敗戦後の引き揚げ者です。両親と4人きょうだいの末っ子の僕という家族構成で5歳の時に無一文で帰国。引き揚げ者というのは今の世界各地の難民と同様の境遇でした。引き揚げ者には国からの支援も何もなかった。食い物もなかった。親父が戦前働いていた長野県岡谷市に戻って、最初は倉庫を改造したみたいな所に住んでいました。

インタビューに応じる中村梧郎氏。2023 年 10 月 30 日、さいたま市内で。

通信社で初めてカメラ

地元の高校を出て東京の大学に進んだのですが、

60年安保世代の常でデモばかりの日々でした。その後「いつまでもぶらぶらしてないで」と先輩に背中を押されて就職したのが、中国国営・新華社電の受信通信社だったアジア通信社。しかも記者採用だと思っていたら写真記者の募集だったんです。それまでは貧乏学生でカメラなど持ったこともなかったけど、記者兼カメラマンをやらされました。写真はそこで覚えました。

ところが、66年に文化大革命が起きて日本人の労働組合員は全員解雇。組合運動から争議団を作り、裁判もやって勝訴したのですが、会社は偽装閉鎖していて取るカネも取れない。土木作業員や夜警などアルバイトをしながら食いつなぎ、高齢組合員の生活も助けたり……。フリーカメラマンになるしかないかなという流れでしたが、68年ごろ、ジャパンプレスから「来ないか」と誘われたのです。

――その間にベトナム戦争はどんどん激しくなりますね。

その通り。世界の通信社を相手にしているジャパンプレスですからベトナムとも関係ができて、70年にVNA（ベトナム通信社＝政府系通信社）に1人行けることになり、私が特派されました。初めてのベトナム入りがこの時、70年です。米軍による北爆の最中で、ハノイでは絶え間なく空襲警報が鳴り、そのたびに防空壕に飛び込みました。

今のガザと同じ光景

ハノイ最大のバクマイ病院は標的にされ、繁華街は無差別絨毯爆撃で全滅。老人、女性、子どもが殺され、今のガザとまったく同じ光景でした。市民の士気を奪うには極度の恐怖を与えればいい、というやり方ですね。ベトナム戦争は1965年に米軍による北爆が恒常化し、米海兵隊が中部ダナンに上陸して本格化しますが、軍事顧問団が派遣された61年に始まったとする説も有力ですね。私はジュネーブ協定が結ばれた54年

ホーチミン市の戦争証跡博物館の入り口に大きく掲げられた写真。枯死したマングローブ林の中に裸足で立つのは当時6歳だったフン少年。1976年、メコンデルタのカマウ岬で。（撮影／中村梧郎氏）

がアメリカの侵略と軍事介入の始まりだとみています。抗仏戦争を引き継いだアメリカがすでに戦争資金の8割を負担し、南に傀儡ゴ・ディン・ジェム政権をつくり、軍事顧問団もどんどん増やしている。

――ベトナム戦争の激化とその戦争写真を処理していく通信社を渡り歩く自身の激動の時代が、重なるわけですね。そんな中で枯葉剤被害と出合うのですね？

75年のサイゴン陥落で戦争が終結し、翌76年の全土国会選挙でようやく統一され、ベトナム社会主義共和国が生まれます。じゃあ南北を一気に取材させてくれと取材申請しました。ハノイ政府もまだ戦後の混乱の中、「大勢で来られては困るが、VNAの1社だけなら」ということで許可された。ジープで北から下り、南はメコンデルタのカマウ岬まで行ったのです。

そこで枯葉剤被害の実態をリアルに知りました。全滅したマングローブ林と裸足で歩き回る子どもたちの姿、本田さんが今回の取材旅行でご覧になった、ホーチミン市の戦争証跡博物館の入り口に掲げられているあの写真です。写真のフン少年はじめ、私が取材した

フン少年はその後、重い全身麻痺を発症しながらも37歳になっていたが、翌年死んだ。右は長男。2007年、31年前と同じカマウ岬の現場で。背景のマングローブ林はまだ再生していない。（撮影／中村梧郎氏）

子どもたちの多くがその後、若くしてがんなどで死んでいきます。

81年末、カマウの町の診療所で「流産・死産や〝ぶどうっ子〟（胞状奇胎）の多発」「シャム双生児の誕生」などの情報を得て、水路に沿って小舟を走らせ、困難な部落まわりの取材が始まりました。

――そんな中でベト・ドクのほか、重い合指症や眼球のない子、口唇口蓋裂の山岳民族の少年少女らに出会い、タイニン省の病院では無脳症児の死産にも立ち会います。枯葉剤作戦中止の背景には米国内外からの強い批判があったことも著書『新版 母は枯葉剤を浴びた』（岩波現代文庫）で知りました。しかし、71年のニクソン大統領の中止発表が〝人道的演説〟とまで呼称されていますね。

「これ以上、若いアメリカ兵を危険に曝すわけにはいかない」と述べていますが、ベトナム人民への言及はありません。

米国の民族差別論理

ベトナム人被害者らは2004年に、枯葉剤を製造して軍に納めていたダウ・ケミカルやモンサントなど大手化学企業を相手取り、「せめて米国の帰還兵に準じた補償をせよ」と求めて連邦地裁に提訴します。

米国のベトナム帰還兵には、疫学調査で因果関係が認められるがんや糖尿病などの28種類の疾病を発症した者全員（これまでに約32万人）に、かなりの補償金が支払われています。米兵のベトナム従軍期間はせいぜい1年で、その間に汚染されたと自動認定されるのに、作戦中の10年間に何度も枯葉剤を浴び、その後も汚染された水や食べ物を摂っているベトナム人には加害者側から何の補償もない。

２００９年になって連邦最高裁は「訴え不受理」の結論を出しますが、「ベトナム人には疫学調査のデータがないので因果関係は認められない」との不条理な理屈です。「戦時における敵からの損害請求を認めれば合衆国大統領の戦争遂行権限を脅かす」との米司法省の声明に従った政治判断なのです。

アメリカは参戦国軍として韓国兵31万人を１９６４年から73年までベトナムの最前線に送ります。彼らも枯葉剤を浴びるわけですが、こうした同盟軍兵士への補償もしていません。

──枯葉剤汚染はその後、２０１３年に沖縄の米軍基地跡地でも中村さんの指摘で見つかり、それを中村さんは自分だけの「スクープ」とするのではなく、メディア各社に呼びかけて社会全体の追及課題にすることができました。本多勝一は「商業マスコミの特ダネ主義」を厳しく批判していますが、これは商業新聞の記者には、なかなかできないことです。

ダイオキシン被害はベトナム戦争後も日本と世界にひろがっていて、僕らの警鐘が届いていないのです。ベトナム戦争が教訓になっていないからです。

１９７６年のイタリア・セベソでの農薬工場爆発事故によるダイオキシン汚染は有名で、私もその現場に行きました。日本では除草剤2,4,5-Tを生産していた化学工場による環境汚染はじめ、労働者の肌にこれを塗り付けるパッチテスト、人体実験までありました。

全国の営林署では除草剤のずさんな管理で土中に埋めた缶容器が腐食してダイオキシン類が流出する事故

が相次ぎ、営林署労働者や近隣住民の間でがん患者増加が報告されています。

２０２３年夏には福岡県久留米市の住宅街で環境基準の6倍のダイオキシン類が検出されたことが報道されましたが、40年前まで近隣に農薬工場があり、過去には農薬の漏洩事故を起こし、基準値超えは2年前から続いていたと言います。

ダイオキシンによる人体汚染の実例としては有名な「カネミ油症」事件があります。１９６８年に発覚しましたが、米ぬか油に混入していた有害なＰＣＢがダイオキシン類のジベンゾフランを含んでいたため、摂取した人々がクロルアクネ（塩素挫創）を発症。がんや死産、流産も増え、西日本を中心に約1万５０００人が被害届を出した。色素沈着で「黒い赤ちゃん」が生まれたりして2～3世の被害も深刻ですが、これまでの認定患者は1世を中心に２３００人余りです。

食用油にＰＣＢなどが混入するという同様の油症事件は、台湾でも78～79年に起きており、男性被害者の間で血清中のテストステロン（男性ホルモン）の低下や精子活動低下などが報告されている。私は２０１９年に現地取材をしており、近く報告をまとめる予定です。

父からの継承被害は明瞭

ベトナムや米国内、韓国内の枯葉剤被害者のベトナム帰還兵2～4世の発症を見れば、母親からだけでなく、父親からの世代を超えての被害継承は明らかです。遺伝を否定する学者もいるようですが、ダイオキシンの毒性はＤＮＡ損傷を引き起こす突然変異とは限らず、エピジェネティクス（ＤＮＡの塩基配列を変えずに細胞が遺伝子の働きを制御する仕組みの研究）に基づき、遺伝子情報の攪乱で次世代の先天性障害を引き起こしていることも分かってきている。

——にもかかわらず、ダイオキシン被害への社会認知はまだまだ薄い気がします。

アメリカのシーア・コルボーン博士らがその著作『奪われし未来』で警鐘を鳴らしてきたように、ダイオキシンなどの劇毒物質や農薬の多くには、環境ホルモン作用があります。がんが増えるだけでなく、性と生殖関係の発達障害や子宮内膜症の増加などを警告していました。それが顕在化しているのが今だと思います。米連邦最高裁が救済を拒んだベトナムの枯葉剤被害者の苦しみを傍観しているわけにはいかないと思っています。

私は２０１８年から毎年1月、富士国際旅行社と共同で「枯葉剤被害者支援オレンジ・マラソン」を企画し、ホーチミン市の市民マラソンに合流するかたちで実行してきました。５キロからフルマラソンまで体力に応じて参加でき、約１５０ドルの参加費の1割を救援資金として被害者に提供する。20年の第3回まで順調だったのですが、21年からコロナ禍で開催できなくなりましたが、近く再開します。ベトナムの被害から学ぶことが再発防止にもつながり、国際認知を高めるためにも、日本から1人でも多くの方に関心をもって参加していただきたいのです。

成人し、結婚して家族もできたドクは、来年1月の中村氏企画の「オレンジ・マラソン」の催しにも参加する。写真は 2018 年の第1回の開催行事に、元マラソン選手の高橋尚子と参加したドク。（撮影／中村梧郎氏）

「枯葉剤被害者支援オレンジ・マラソン」問合せ０４５−２１２−２１０１（株）富士国際旅行社
http://www.fits-tyo.com/library/5acac5634f6687202984c6e2/655ca2cce4d4da23a2bc0b93.pdf

ベトナム戦争関係略史 G・カルコ著『戦争の解剖』などから作成。肩書はすべて当時

1883年 8月	アンナン（中部）、トンキン（紅河周辺の北部）がフランスの保護領に
1930年 2月	ホー・チ・ミンがベトナム共産党設立 → その後インドシナ共産党に改称
40年 9月	日本軍、仏印に侵攻
41年 5月	共産党主導で民族統一戦線「ベトミン」（ベトナム独立同盟）結成
45年 3月	日本軍、クーデターで全インドシナを軍政下に
5月頃	日本軍による食糧米奪取で飢饉が頂点に。餓死者は200万人超
8月	日本が連合軍に無条件降伏。「8月革命」＝ベトミン一斉蜂起
9月	ベトナム民主共和国（北ベトナム）独立宣言
46年11月	仏軍、ハイフォン攻撃。第1次インドシナ戦争が本格化
51年 2月	インドシナ共産党 → ベトナム労働党に改称。 党は抗仏戦争を「民族人民民主主義革命」と規定
52年 6月	米は仏軍戦費3分の1負担（2億ドル）を声明
54年 5月	人民軍、ディエンビエンフーの戦闘に勝利
7月	サイゴンにゴ・ディン・ジエム政権成立。ジュネーブ協定（北緯17度線を南北ベトナムの暫定境界に）調印
55年 5月	人民軍、ハイフォン入城。仏軍完全撤退
7月	サイゴン政権、ジュネーブ協定の提案をすべて拒否
10月	ゴ・ディン・ジエムがベトナム共和国（南ベトナム）樹立、大統領に
60年12月	南ベトナム解放民族戦線結成。西側は「ベトコン」と蔑称
61年 5月	ケネディ米大統領、北ベトナムへの隠密作戦の開始を承認
62年 4月	米とサイゴン政権、農民を人工の村に強制移住で囲い込む。 「戦略村」計画を開始
63年 1月	メコンデルタのアプバクで解放軍側が初の大勝。 ケネディが米軍本格投入を決断
64年 8月	「北ベトナム軍が公海で米艦に魚雷発射」との米国の捏造による「トンキン湾」事件発生
65年 1月	韓国、ベトナム派兵を決定
3月	米軍の恒常的北爆開始。米海兵隊がダナンに上陸、直接軍事介入へ
66年 4月	北ベトナムで撃墜された米軍機が1000機を超える
67年 4月	ニューヨークとサンフランシスコで計50万人の反戦デモ
5月	バートランド・ラッセルらによる「戦争犯罪国際法廷」（ラッセル法廷）開催
68年 1月	解放軍の「テト攻勢」開始。サイゴンの米大使館一部占拠
3月	「ソンミ村」虐殺事件
69年 1月	米軍派遣兵力、最大規模の54万2400人に
70年 5月	米B52爆撃機、北ベトナムの非武装地帯を爆撃
71年 4月	米国防総省が米軍の死者数を5万4284人と発表
72年10月～	米大統領補佐官キッシンジャーとベトナム側のレ・ドク・トとの和平交渉がパリで断続的に開かれる。一方、米軍はニクソン再選と同時に事実上北爆を再開
73年 1月	パリ和平協定調印
3月	ニクソン、戦争終結を宣言し、米戦闘部隊の南ベトナムからの撤退も終了
75年 3月	解放軍、中部高原の要衝・ダクラク省バンメトートを攻略、完全解放する
4月	サイゴン政権のグエン・バン・チュー大統領、台湾へ脱出
4月28日	フォード大統領、米将兵と大使館員に撤退を命令
4月30日	解放軍、サイゴン入城
76年 4月	全土で統一国会のための総選挙
7月	ベトナム社会主義共和国誕生
12月	ベトナム労働党、党名を共産党に戻す

6

野戦病院と山岳の民

若き軍医の最期の現場へ

ベトナム戦争における解放軍・人民軍側の「野戦病院」は、中部高原やメコンデルタの密林（ジャングル）の中に隠れる「戦闘能力なき秘密基地」のようにしか存在できなかった。米軍側に見つかれば即、猛爆で壊滅させられるからだ。山岳地帯はそのほとんどが少数民族の土地。こうした野戦病院の設営も、北から南への兵站補給路「ホーチミン・ルート」の開設も、山岳・少数民族の献身的協力なしには不可能だった。本多勝一は著書『戦場の村』などで野戦病院のルポルタージュを書いている。そんな現場を訪ねたいとたどり着いたのは、若い女性軍医が「きちんとした医療で患者を救いたい」「自由に恋をして普通に生きたい」などと一心に願い、志半ばで米兵に射殺された深い森の中だった。

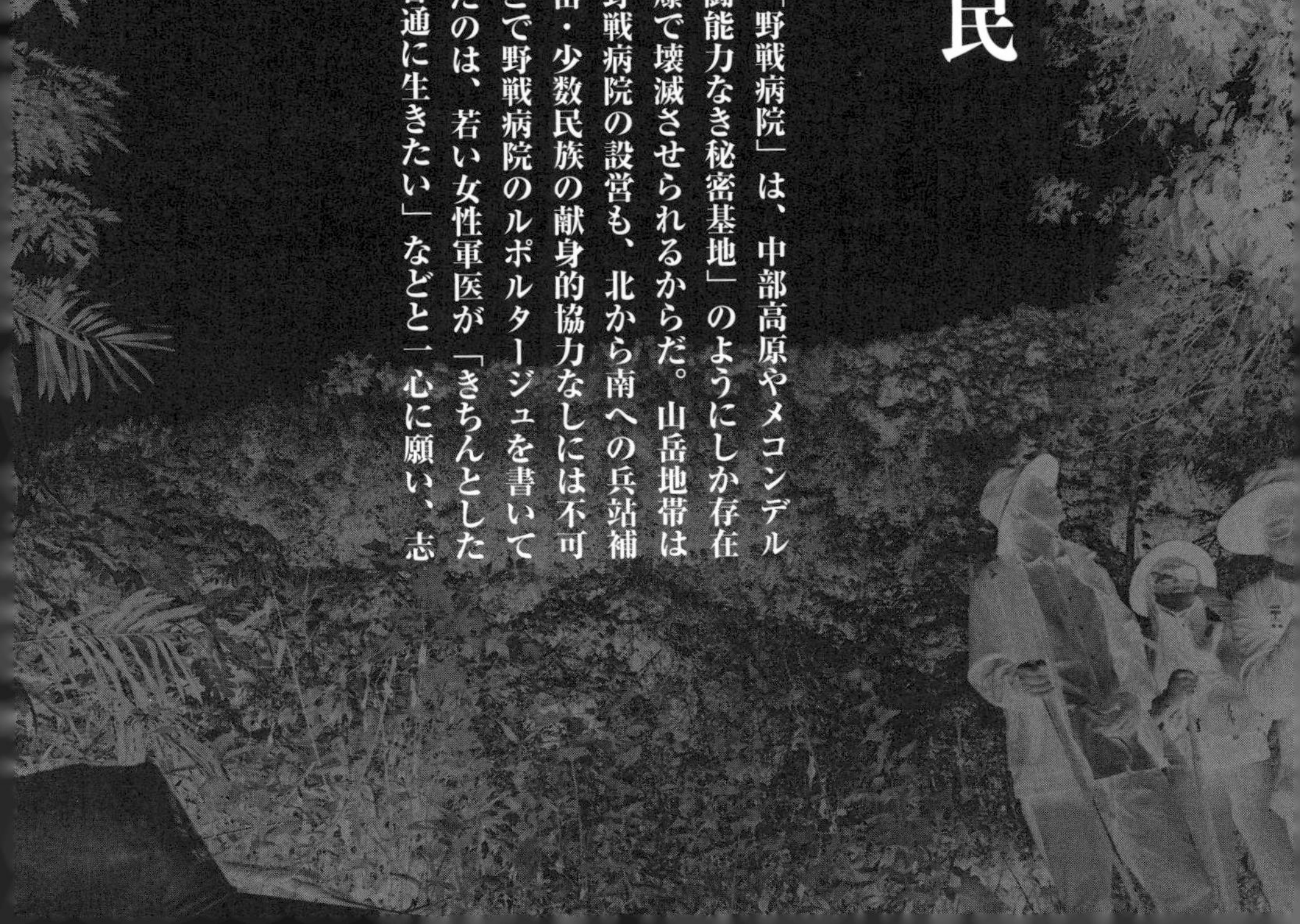

案内してくれた山岳民族フレ族の若者たちとバイク部隊。

「あと10分ほどだ。距離にして500メートルかな？」

先導している山岳少数民族・フレ族の屈強な若者らが、私たちに声をかける。クァンガイ省ドゥクフォーの西方、チュオンソン山脈の最高峰ゴクリン山（2598メートル）方向に向かう山中だ。第3章で報告した作家グエン・ゴックの妻トン・ティ・ティンが米軍ヘリ部隊に捕まったのはこの辺りの洞窟だ。ベトナム戦争の最激戦地でもある。

――冗談じゃない。こんな胸突き八丁の急峻な山道を、まだ500メートルも登るの？　平地ならともかく、そんな10分程度で行けるわけがない。さっきから「あと10分」「もう10分」って……。それに俺は、変形性膝関節症で痛み止めの注射を打って参加しているジジイだよ――私は胸中、そんな悪態を重ねつつも、顔は笑顔で尾根側の草むらにあおむけに寝転がり、一行の他のメンバーには「先に行ってほしい」と合図して、大の字になった。

一行というのはフレの20代の青年たち15人のほかに、通訳の元『赤旗』ハノイ特派員の鈴木勝比古氏（私より10歳ほど年上の大先輩ジャーナリストだが驚くべき健脚でスタスタと登っていく）、案内役も兼ねたクァンガイ省の地元行政委員会や共産党の幹部、人民軍関係者ら十数人。目的地の野戦病院で1970年代に働いていた高齢の医療スタッフもいる。

しかし、ここにたどり着くまでには、早朝にホイアンの宿舎を出て、車でクァンガイ経由でドゥクフォーの山の麓まで約2時間。山麓の中継・集合地点にはフレ族の若者15人のバイク部隊がホンダ・スーパーカブなどの2人乗りオートバイ十数台を並べて待機していた。

「ここから先は車は通れない」という山道を行くために、1人ずつバイクの後部座席に分乗して目的地に向かう。フレ族が放牧する水牛の群れの中を横切り、十数本の小川と渓流を渡る。あるときは水しぶきをあげながら流れに突っ込み、川底の石礫を飛ばしながら一気に乗り越え、流れが深く速い時はバイクを降りて運転手と一緒に膝まで川につかり、車体を押して渡ってきたのだ。バイクも通れない山道を歩きだすまでに、さらに約1時間は経過している。

ゴクリン人参《ニンジン》の威力

ここまでだけで私は相当疲れていた。

「情けないが、もう体力の限界です。皆さんに迷惑をかけたくない。僕はここで休みながら皆さんを待ちますので……」

そう伝えたが、同行していた人民軍の女性衛生兵が私のところまで走って戻ってきて、これを呑めと瓶入りのドリンク剤を1本手渡すのだ。

ドゥクフォー山中で放牧されている水牛の群れ。

「ゴクリン山系特産の野生の人参の根をすり潰して煎じたジュースで高価なものだし、一気に全部呑むと効き過ぎるので、半分だけ呑んで下さい」と言う。

私が「似たものは、北朝鮮に行ってきた友人から土産でもらったことがある。高麗人参みたいなものですね？」と尋ねると、フレの若者たちは笑いながら「その100倍は効く。でも、今のあなたの状態では1本分呑まなきゃ。いいから全部呑んじゃえ」と勧める。

ゴクリン人参は、この地の先住民族フレ族に昔から伝わる、重病に罹った人のための「くすり」で、ベトナム戦争中も今も医薬品や滋養強壮剤として重用されてきたものらしい。喉も渇いていたので、あっという間に1本全部ごくごくと呑み干してしまった。衛生兵殿は「あっ」という顔をしていたが（高価なものなのにということか、過重服用になると心配したのかは分からない）、ほどなく私はその場で眠り込んだ。

「森の民」の少年兵と記念撮影する本多勝一。（提供／本多勝一）

目が覚めたのは「10分後」と言う人もいれば「30分ぐらいは経っていた」と言う人も。いずれにせよ、皆さん待って下さっていた。私としては「1時間ぐらいは眠った」という気分で、膝の痛みも疲れも驚くほど取れ、全身に力が漲《みなぎ》ってきた。

ゴクリン・ドリンクの効果だろう。目的地の病院跡地まで本当に10分ほどだった。深い森の中——現場では皆、まさにこの場所で米兵に射殺された当時27歳の女性医師、ダン・トゥイチャムの冥福を祈り、持参した線香で焼香し、合掌した。病院スタッフだった元同僚や行政委員会の医療担当委員らが、当時の野戦病院の果たした歴史的役割やトゥイチャムへの熱い思いを語る挨拶をした。

現場で少し休憩したあと、「帰途は下り坂だから大丈夫」と意気軒高に威張って見せた私に対し、フレの青年が3人がかりで「あなたの膝はガタガタだ。見ればわかる。下りこそ崖もあってもっと危ない」などと説得し、あっという間に私のナップザックと大型カメラを取り上げて分担して持ち、有無を言わさず私を背負って山道を下りだした。それも駆け足で。

病院支えた山岳民族

私を担ぐ男らはたちまち一行の先頭になり、麓まで途中二度休憩したが、「ここからは歩ける」という私を笑うだけで解放してもらえず、あらかじめ決めてあったかのように3人の若者が三交代で駆け足のまま、ホイサッサ、ホイサッサと掛け声も軽く下り続けた。こうしてフレ族の人たちは私の「命の恩人」となった。感謝してもしきれないが、彼らのやさしさとエネルギーは、侵略に対するベトナムの抵抗を支える大きな力となったことが体感できた。

ここに藁《わら》ぶき屋根の掘っ立て小屋と地下壕から成る野戦病院を森の資材を集めて建てる時も、敵に見つかって患者を担いで一晩で移動する時も、敵の動きをいち早く探知する時も、解放軍はフレ族など「山の民」に頼ってきたのだ。

この「病院」では、傷病人を抱えて互角の戦闘などできないために、敵が来たらいち早く逃げるだけで、ふだんから明かりをもらさないよう、煙をたてないように細心の注意を払う必要があった。地域の村人の治療もしたが、北ベトナムの人民軍や解放勢力のゲリラ部隊が通過する際は、一挙に80人近い負傷兵を残していくこともあり、フレの人々は医療スタッフの手足となって働いたという。

ベトナム戦争後、半世紀を経た今もフレの人たちの底力は世代を超えて保持されていた。今後も先住民族を味方にできればどんな侵略があっても闘えそうだ——その後に取材した、この国の最大民族・キン族の政府高官も、民間の多くの人たちも、フレだけでなく山岳・少数民族の力量と活躍ぶりを讃えていた。

地元の人たちが何故ここまで尽力して、私たちをこの野戦病院の跡地に案内したかったのか、その意味を説明しておきたい。そのためには1970年6月、ここで命尽きたトゥイチャムの人生を紹介しておくことが必要だろう。

元米兵から奇跡の返却

トゥイチャムについては、彼女が戦場で詳細に書き残していた日記が、奇跡とも言える経緯で保存され（保存されていたのは半分程度にすぎないが）、実に35年後にトゥイの母親ゾアン・ゴックチャム（当時79歳）のもとに届けられるのだ。それも敵国だった米国から。

日記は、この野戦病院も含めてこの地を攻撃し、占領した米軍部隊の情報担当士官フレデリック・ホワイトハーストらによって押収され、「軍事的価値なし」と判断されて当初は焼き捨てられる運命にあった。ところが、焼却寸前にフレッドに「待て。その日記自体が人間の苦悩の炎で内側から燃え盛っている」というベトナム人通訳がいた。この助言で思いとどまったフレッドは、この通訳の助けも借りて読破して感動。軍規に反して米国に持ち帰っていたのだが、遺族を探し出して、返却することを決意するに至る。

これが「サイゴン解放30周年」の２００５年４月、何人かの関係者の尽力が重なり遺族が特定され、フレッドは日記のコピーを母親ゾアンに郵送。ゾアンらは同年7月にハノイで『ダン・トゥイチャムの日記』を出版、たちまちベストセラーになり、映画化まで実現したのだった。

当時、特派員としてハノイに駐在していた鈴木勝比古氏が05年9月12日付『赤旗』にこの日記が出版に至った数奇な運命も含めて詳細を特報した。その後、英語版も含めて各国語に翻訳されたが、日本でも経済誌専門の雑誌社「経済界」から『トゥイーの日記』として08年8月に出版されている（現在は絶版）。これらを基にしてトゥイチャムの人生を振り返ってみよう。

在りし日のダン・トゥイチャム（1942～70年）

トゥイチャムは1942年11月26日、ハノイのセントポール病院の外科医だった父と、薬剤師で大学講師だった母のもと、5人姉弟の長女として生まれた。家庭は裕福とは言えないまでも、両親は「小さな家を書物と花でいっぱいにする教養人だった」とアメリカで出版された英語版の解説を担当したジャーナリスト、フランシス・フィッツジェラルドは書いている。

進学したハノイ医科大学では眼科を専攻。しかし66年に卒業すると眼科医にはならなかった。鈴木氏によると「トゥイチャムはすぐに南ベトナムの戦場で傷病兵士たちを治療する道を選び、前線に赴く決意をします。3カ月後には野戦病院に到着。父親から外科手術の手ほどきを受け、母親から薬草について学んでいたトゥイの医者としての技能は野戦病院で歓迎され、すぐにこの病院に欠かせない人材となっていったのです」と言う。

しかし、なぜ、「華奢で小柄だった」（フィッツジェラルド）という新卒の医師の卵＝トゥイが、危険な軍医の道を自ら選んだのだろうか？

恋と嫉妬の炎に苦しむ

日記の中でもたびたび登場する「M」という成就しなかった初恋の人が、南部の戦線で戦っていたから――という解説が有力だが、真相は分からない。当時の北ベトナム市民としては「何の不自由もない」恵まれた文化的環境の中で、読書好きの文学少女として育ったトゥイの日記には、ベトナムの民話や民族派詩人の作品の紹介、当時のソ連や欧州の文学からの引用なども駆使しながら、嫉妬し、嫉妬されることへの人間的な苦しみ、共産党員になることを切望しながらも、なかなか入党を許されないことへの不満や焦りも、率直に綴られている。

こうした情緒豊かな、真情あふれる記述の一方で、情に流されるだけではなく、自己を「プチブルジョアのお嬢さん」と規定して冷静に分析、自分の長所・短所を書き出して自己研鑽に努める哲学者のような自問自答も描かれている。

トゥイが勤めていた野戦病院の跡地周辺。

出版された日記は、人民軍・解放軍側の画期的進撃となった68年1月末の「テト（旧正月）攻勢」の2カ月余りあとの4月8日付＝医療器材不足への憂鬱から始まり、死の2日前の70年6月20日付＝最後の食糧が尽きる絶望の中で終わっている。

その前段の6月16日付の描写では、敵に包囲され、トゥイチャム本人も含め3人の医療スタッフで固定具を付けた5人の重傷患者を診ているのに、他のスタッフは全員避難。待てど暮らせど応援・救援は来ず、「この状況下で、病院（所属）の（共産党）政治委員の同志は私とともにとどまることを拒否した」（ベトナム語版からの鈴木氏訳）と、党に見捨てられたのではないかとの不安と不信をあらわにし、党を厳しく批判している。

が、前出のフィッツジェラルドの米軍記録などによる裏付け調査によれば、党は決してトゥイらを見捨

「トゥイチャムの日記」から

◇乏しい器材で手術をする。最後は抗生物質を投与し、カテーテルを挿入したまま縫合するしかなかった。こんな人たちを救ってあげられないなんて、医師軍医としてとてもつらい　1968年4月8日

◇降り続く雨のように、私の憂鬱も続いている。一日アメリカ兵がいれば、一日悲しみが生まれる。この恨みはいつになったら晴らすことができるのか　69年1月10日

◇あなたに会いたい。あなたは私にとっていったい何？　友人、同志、大切な弟、それとも赤の他人……。マリーゴールドの花のひと房と梅の花の鮮やかな色が混じりあう。朝の陽ざしの中で　70年1月9日

◇あなたに会えて本当に嬉しい！　まるでドンザムの診療所にいた頃みたい。あなたは私に会いたい一心で、この山道を登って来たに違いない。それなのに再会した時には、2人ともそっけない素振りをしてしまう。森の中の小屋での会議。私はそこに座りながら、あなたの嬉しそうな眼差しを感じている。私の心も熱くなる　70年2月19日

◇敵が攻め込んできたら重傷の入院患者を捨てて逃げるなんてできない。爆撃されたら壕の中で座っているしかない。頭の中がいっぱいになる　70年6月14日

◇今日の夕方の食事でコメが尽きる。患者たちが飢えるのを黙って見ているわけにはいかない　70年6月20日

『トゥイーの日記』高橋和泉訳、ベトナム語本文からの鈴木勝比古訳を参考に抜粋

ハノイ郊外のトゥイチャムの墓。家族が殺害現場に埋められていた遺骨を掘り起こして移送して埋葬した。（撮影／鈴木勝比古氏）

てたのではなく、トゥイが射殺されるまでの間に補給要員を送って負傷兵を避難させていたともいう。

一人だけの最期の闘い

そして6月22日。前出のフレデリックによる米軍への裏付け調査によれば、野戦病院の複数の小屋を見つけた120人の米部隊がその近くで女性兵士（＝トゥイのこと）らの隊列を発見。しかし、先頭にいたトゥイが後方の味方に向けて危険察知の発砲をしたので、解放軍側の隊列は雪崩《なだれ》を打って森に逃げ込んだ。米軍側はあまりに不均衡な戦闘なので、たった一人の女性兵士に降伏を呼びかけたが、彼女はますます発砲。120人を相手に果敢に闘い続けたが、そのうち米側の1発がトゥイの額を撃ち抜き、彼女は即死した。

彼女が担いでいた布袋からは、傷病兵の傷の状態や治療法の図が描かれた数冊のノートが出てきたという。米軍側はトゥイが発砲している間に手こずって、森に逃げたベトナム人を誰一人として捕まえることはできなかった。

妹のダン・キムチャムによる当時のドゥクフォー共産党幹部への聞き取りによれば、トゥイは死の間際に「ホー・チ・ミン万歳！　アメリカ帝国主義を倒せ」と叫んだという。

キムチャムは「この話が事実なのか、それとも姉を大切にしてくれたドゥクフォーの人たちが作り上げた武勇伝なのか、それは分からない」としながらも、「敵に遭遇した姉が銃声で仲間に知らせ、あとは病院の皆を避難させる時間を稼ごうと敵の足をそこで留まらせるべく、一人で闘い続けたことだけは確かだ」と確信できたという。

トゥイの遺体は、米軍が現場から去るのを待って、少数民族フレや生き残った病院の同僚らが回収し現場近くに埋葬した。

さらに、まだ枯葉剤の人体への影響がベトナム側では明確に分かっていなかったこの時期、トゥイが現場の医師として鋭く観察しているくだりも報告しておく。69年6月11日付の日記だ。

「ヘリコプターの轟音が鳴り響く。森は爆弾と銃弾の傷痕が生々しく、残った草木も敵が散布した薬剤のせいで黄色く萎《しな》び、枯れてしまった。薬剤は人体にまで影響を与えるらしく、幹部たちは皆、ひどい疲れと食欲不振を訴えている」

戦争文学の新たな流れ

ベトナム戦争後、身を犠牲にして祖国のために抗米戦争を戦った「英雄」の物語は数多く出版され、映画化もされている。しかし、この国で一貫して一党支配を続けてきた共産党自体への個人の不満や批判も許容し、民族や国家への献身・忠誠と恋愛の苦悩を同等に置く『ダン・トゥイチャムの日記』出版の実現と、出版から約3カ月で30万部以上が売れ、ベストセラーになるほどの国民的人気を呼んだことは、これまでにない極めて画期的なことだった。

「個人の死としての戦死者を国民の物語や、家族の物語と別の、戦死者そのものの視点から想起し、語りなおそうとすること。それによってベトナムのトラウマを癒す行ないはようやく始まると言えるのかもしれ

トゥイチャムの母親ゾアン・ゴックチャムと妹ダン・キムチャム。鈴木氏に故人の思い出を語った。（撮影／鈴木勝比古氏）

ない」

ベトナムでフィールドワークを続けてきた人類学者の住村欣範《すみのり》・大阪大学教授は、『トゥイーの日記』を題材にした論文「ベトナムにおける戦争の記憶とトラウマ」（２００７年）の中でそう指摘している。戦争に対する大衆的忘却の一方で、「国家や民族の記憶と歴史」に回収できない「個人の記憶」をベトナム人民は改めて取り戻しつつある——ということだろうか？

少数民族の「戦後」

トゥイチャムの最初で最後の任地となった野戦病院は、中部高原の北端、コントゥム省に隣接するドゥクフォー地域のあちこちを「移動」していた。そして中部高原は少数民族の居住地域であり、本多勝一も指摘しているが、山岳・少数民族のほとんどは解放軍側についていた。

なぜ小国ベトナムが超大国のアメリカに勝利することができたのか？——今回のベトナム戦争検証の旅の大きなテーマ＝疑問を、通訳の鈴木氏も、自ら翻訳した『ベトナム戦争の最激戦地　中部高原の友人たち』（２０２１年、めこん）の著者であるグエン・ゴック氏にぶつけてきた。中部高原の先住民である山岳民族と最も深く交流してきた元人民軍大佐だ。答えは要約するとこうである。

「サイゴン軍（米軍側）の中部高原の拠点は、北からコントゥム、プレイク、バンメトートと並んでいたが、北方から進軍する人民軍部隊が最南端のバンメトートに現れたのが1975年3月。この時点でサイゴン軍側はバンメトートからプレイク、コントゥムに増援部隊を派遣していたが、戦車・重火器を装備した人民軍大部隊が原生林を一路南下し、手薄になっていたバンメトートを一挙に陥落させた。この人民軍部隊の通過を、現地の少数民族の同胞は誰一人としてサイゴン軍に通報しなかった」

少数民族フレの女性と孫。

　サイゴン軍・米軍側はさまざまな局面で少数民族を懐柔し、スパイ工作をしてきたが、結局、決定的な最終場面でも少数民族の結束は固かった。なぜか？　今後の課題として追究していきたい。

　バンメトートの陥落後、サイゴン軍は武器を捨て軍服を脱ぎ捨てて中部高原、中部海岸から敗走し、4月30日のサイゴン解放に直接つながった。米国の軍事援助で近代的に装備した10万人を超えるサイゴン軍は、民衆に見放されて敗北したのだ――と鈴木氏は言う。

　中部高原は北のコントゥム省から南のラムドン省までの5省から成り、ベトナム戦争終結・南北統一時の調査（76年）では、5省の総人口122万5000人中、名前は「少数」民族でも総人口の7割を占めていた。

しかし、２００９年の人口調査ではすでに最大民族キン族の人口が急増して３３１万人と６割以上を占め、少数民族の割合は37％と４割を切って逆転していた。いったい何があったのか？　次章では戦後のハノイ政権の少数民族政策を検証し、戦後ベトナムの「民族の苦悩」を作家グエン・ゴックとともに考える。

NOTES

▼今回の取材旅行では、筆者がベトナム戦争を学ぶバイブルとしてきた本多勝一や石川文洋のいくつかの書籍とともに、中村梧郎著『新版　母は枯葉剤を浴びた　ダイオキシンの傷あと』（岩波現代文庫）をバッグに詰め込んで出かけていた。「ベトナムにおける米軍戦争犯罪」の中核を占める枯葉剤散布問題を語る時、報道写真家・中村梧郎の存在は誠に大きい。取材現場の旅先でも、連載執筆にあたっても、こうした先達の参考文献を私は何度も読みなおして確認し、その仕事や立ち位置を反芻した。特に中村には帰国後も何度か面会して、話を聞き、ジャーナリストの先輩としても正式なインタビューに応じていただいた。

革命闘士であれ、枯葉剤の被害者であれ、写真家であれ、ジャーナリストであれ、私は個人の生き方にこそ興味をもち、面会して徹底的に話を聞くのが信条だ。昨今流行りのＺＯＯＭ取材など、相手の顔色も息遣いも分からないし、いざとなったらホンモノかどうか確認するために身体にも触れられない。私にとってそれは取材などと呼べない似非《えせ》だ。そんなもの取材などではありえない。ＺＯＯＭで恋愛などできないのと同じだ。

某編集部の企画会議などで「出張するとコストが高いからＺＯＯＭで済ませて下さい」とお手軽取材を勧められることがある。私は「こいつはバカか」と独り毒づいている。「オマエたちのようなジャーナリズムを理解しない輩は、炬燵《こたつ》ジャーナリストや炬燵評論家を集めて安上がりの評論雑誌でも作っていなさい」と。

▼もともと私の連載記事のテーマは、2025年が対米戦闘終結50年にあたるベトナム戦争の検証ではあったが、既にこの本のここまでの章をお読みの読者は気づかれていると思うが、私が書こうとしているのは「くに」の歴史や「国家」の物語ではなく、「革命」を支えた一人ひとりの物語＝個人史である。特に恋愛や愛のあり方である。歴史は、そんな個人史の集積にすぎない。歴史は国家や「ウソをつく権力者」によって捏造されることが多いが、個人史はその当事者である個人がウソをつかない限り、なかなか捏造はむつかしい。（恋愛上の嘘は別だが……。「別」という意味は、恋愛は人を愛するのが目的なのでウソをついてもいい、ということである。ここが人を傷つけるのが目的の政治との違いだ。これは後の章＝第8章の「船長たちの恋」参照＝）。

ウソは一人の人間に長時間、徹底してインタビューしていくと陳述内容に矛盾が出てくるもので、ウソにも、ときに、その人がその社会や、その対人関係の中で、なぜそんなウソをつくのかまで、図らずも露呈してしまう恐ろしさがあり、それはそれである意味、もう一つの〝真実〟と言えるのだ。それは恋愛でも同じだ。その人の恋愛観はその人の生き方であり、愛し方であり、人間観であり、その集積が歴史なのだ。

▼中村梧郎のインタビューに戻る。中村の写真はベトナム戦争の歴史に大きな影響を与えた。そしてインタビューを読んだ方には分かっていただけると思うが、中村が報道写真家になったのは、就職難という偶然からなのだが、その偶然性に、彼がもつ感性の必然性が重なり、彼は必然的にベトナム・カマウ岬に連れて行かれ、ベトナム戦争と、その戦争の被害者に出逢ってしまうのだ。それはある意味、日本とベトナ

ムの歴史であり、人民交流の歴史であり、国境を越えたロマンスなのだ、と恋愛至上主義者の私は思う。

▼『週刊金曜日』で「本多勝一のベトナムを行く」を連載している２０２３年秋～２４年春にかけては、イスラエルによるガザ侵略や、ロシアによるウクライナ侵略のさらなる激化など、世界を震撼させるニュースも相次ぎ、連載自体が何度か延びてしまったが、ベトナム戦争が決して過去の問題ではなく、現在進行形のパレスチナやウクライナの抵抗、そして朝鮮半島問題とも切り離せない相似構造と密接な連関をもった問題であることを図らずも露呈した。

元獄中者の女性たちが結成した合唱団

▼もう一つはグッドニュース。今回の取材旅行でベトナム語通訳兼コーディネーターを務めてもらった元『赤旗』ハノイ特派員の鈴木勝比古からもたれされた。第2章で報告した、宙づり水責めの拷問に耐え抜いた革命戦士チュオン・ミーレ（82歳）が、元獄中者の高齢女性たちで合唱団（写真）を組織していることは、インタビューした当時から知っていたのだが、実はこの合唱団が私たちの訪問時も「♪青い空は　青いままで　子らに伝えたい♪」という反戦歌（『青い空は』作詞・小森香子／作曲・大西進）を上手に歌っていた。その理由を尋ねるのを現地ではすっかり失念していたのだが、実は、かつてこの楽譜を鈴木が、元コンダオ島監獄の政治囚だったダン・ティ・ホン・ニャット（故人）に手渡し、彼女がベトナム語訳を作って元政治囚仲間で練習指導するようなり、歌えるようになったそうだ。

ニャットさんは、解放戦線の秘密基地があったクチの地下壕で枯葉剤に被曝し、長女を死産。その遺体をホーチミン市のツウズウ病院に献体したとのこと。このことで第2章のストーリーが第4、第5章の枯葉剤特集にもつながった。ベトナムで取材した一つひとつの人生のかけら＝個人史が、まるでジグソーパズルのように国や民族の大きな歴史に、そして世界史へとつながっていく。ベトナムでは数多くの「無名の英雄たち」が戦後、「ふつうのおばあちゃんやおじいちゃん」として市井で暮らしている。その一人ひとりの人生が様々な形で戦争の傷を受け、そのトラウマはおばあちゃんたちの顔の皺の一つひとつに刻み込まれながらも、彼女ら彼らは戦後の歴史の中で被害を抱きしめつつ、自らの人格と市民同士の国際連帯で、それらを美しい物語に変革しながら生き抜いてきたことに気づかされる。

▼さらにもう一つ、ガザとウクライナの現状と大手紙の報道のあり方に怒りを禁じえない中村梧郎氏からうかがった話。現代史の中の「戦争」と「侵略への抵抗」を考える時の素材にしていただければ、と思う。

戦争が終わって22年後の1997年に開かれた元米国防長官マクナマラ提唱の米越非公開討議の席で、マクナマラは、ベトナム政府は300万人もの犠牲者を出しながら、「このような膨大な人命の損失を目の前にしても、なぜ、犠牲者を少しでも少なくする和平交渉のテーブルに、少しでも早い段階でつこうとしなかなかったのか?」との趣旨を質《ただ》した。これに対してベトナム側のチャン・クアン・コ外務省対米局長は怒りに震えながら、こう答えた。「マクナマラさん、あなたはベトナムの指導者が、ベトナム人民の犠牲と苦しみを省みなかったとおっしゃりたいのですか。……ベトナム戦争はベトナムの地で行われたという事実を忘れないでもらいたい。……ベトナムが失ったものはアメリカと比べものにならないほど大きなものでした。我々が戦争を続けたい理由が一体、どこにありますか」。

つまり、侵略国アメリカが占領地から出ていけば、すぐにでも「戦争」は終わっていたんだということだ。今のロシアとウクライナの関係と全く同じ。ロシアがウクライナ領内から出ていけば、戦争は終わるのだ。中村はこの逸話を最近刊の自著『記者狙撃　ベトナム戦争とウクライナ』（花伝社）で紹介しているが、続けてこう書いている。「空爆を命令し大虐殺を行ったマクナマラ国防長官という当の本人が、『これほど人が死んでいるのに、お前らは何も感じなかったのか』と言うのである。強盗がナイフで相手の体をえぐり家族を殺しつづけながら、『降伏しないのはなぜか、それでも人間か』と問うているのと同じなのだ」と……。

▼実は日本の政治家や企業経営者（大中小を問わず）でも、何らかの紛争に直面した時に同様の反応を示す輩がいる。紛争の原因を直視せずに「なぜ君たちは要求ばかりなのか？　要求を取り下げれば、給与も改善されるし、職場も紛争がなくなって明るくなるというのに……」。

7

山の土地を追われて広がる格差

少数民族の「戦後」

ベトナムは全人口（約９８００万人）の85%を占める最大民族キン族と、政府が認めているだけでも53の少数民族から成る「多民族国家」だ。ベトナム戦争の最終段階での帰趨を握ったのが、最激戦地だった中部高原（西原）で「多数派」を占める山岳・少数民族だったことは前章で報告した。が、侵略者アメリカと傀儡軍の放逐に力を尽くした彼ら彼女らの「戦後」は決して豊かなものではなく、社会主義政権による画一的土地政策や移住計画の押し付けに対しては、近年では反乱まで起き、政府との間で緊張状態も生まれている。山岳民族と深く交流しながら、抗米戦争を戦った元人民軍大佐の作家グエン・ゴック氏らと考える。

本多勝一のルポルタージュ『戦場の村』の第二部「山地の人々」は、こう始まる。

「ベトナムの人口は南北あわせて約3000万人強だが、その約8割はいわゆる安南族に当たる狭義のベトナム人である。残り2割は山岳民族（約300万人）・華僑（約100万人）・その他（クメール、チャム等の平地少数民族）に大別されよう」

本多がこのルポ取材をした1967年のテト（旧正月）当時、各民族の人口はこのぐらいだった。南北ベトナムの全面積約33万平方キロメートル（日本は37万平方キロ）のうち6割強は、山岳民族の居住区域によって占められていた。

山岳は少数民族の天下

ベトナム人その他は、主としてメコン川や紅河などのデルタ地帯と海岸沿いの低地に住むだけで山岳・丘陵地帯はほとんどが「山岳民族の天下」である――ルポはこのように続く。

故郷・信州の日本アルプスのほとんどを走破している健脚の本多が、ベトナム戦争の前線や銃後を巡る中で得た現場の実感だろう。ただ本多は、少数民族、山岳民族、先住民族の定義については、さほど厳しくは区分していなかったようだ。

人類学者の住村欣範《すみのり》・大阪大学教授によると、中部高原の少数民族もすべてが先住していたわけではなく（先住民かどうかは民族ごとに精査が必要）、もともとキン族同様に中国地方から南下してきて平野に暮らしていた民族が山に追い上げられていったり、この動きで山にいた民族がさらに高地や山頂に移動していったりした形跡もあるという。

前章で報告したフレ族に助けられて登った野戦病院跡のあった山はバートー山というが、その登山の2

バナナの葉陰の向こうに見えるのは、クァンナム省チャーミー県のゴクリン山系の山腹に点在する先住少数民族の集落と焼き畑農業や伐採の跡地。

日前の2023年9月2日、私は地元の案内人2人と私の計3人で、ゴクリン山系の北西の高地チャーミー県に、先住性のある少数民族コー（コル）族の集落の一つを訪ねた。同行の通訳、鈴木勝比古氏が体調を崩したため、案内人の1人、20歳代のホアが持つ「ベトナム語⇅英語」自動翻訳機だけが頼りで若干不安だ。もう1人の60歳代のファイも、案内人は2人とも英語は全く解さない。

奇しくもこの日は、1945年にホー・チ・ミンが、フランスの後釜としてベトナムを軍事占領していた日本からの独立を宣言した日だ。その独立宣言でホーが呼びかけた「我が民族」「同胞たちよ」の中には当然、少数民族が含まれ、ホーは手厚い民族政策の構築と実施に尽力したという。コー族は元来、苗字を持たないが、この地域には抗仏・抗米戦争中にホーを慕って自ら「ホー」という姓を名乗り出した人も多い。そのくらいチャーミー県周辺では、共産党の影響力が強かったとも言える。

案内役の2人は、地元の共産党員でキン族だが、「この記念すべき日に日本のジャーナリストを、大きな困難を抱えて苦悩している先住民の兄弟の村に案内できることを誇りに思う」と礼儀正しく私に挨拶。中央政府との緊張関係も伝えられる少数民族地帯に入る前に、自分たちとコー族も「友好な同志関係」にあることを強調したかったようだ。

グエン・ゴック氏の代表作『ベトナム戦争の最激戦地　中部高原の友人たち』（鈴木勝比古訳の日本語版は２０２１年「めこん」社から発行。原著は13年のハノイ作家協会賞受賞）では、コー族はクァンガイ、クァンナム、コントゥム省に4万人余り暮らしていることになっているが、最新の政府統計では２万人余りにまで、つまりは半減している。

逆に戦後の人口急増の中で土地なしとなったキン族が中部高原に大量に押し寄せ、中部高原5省の人口は解放直後の約１００万人から、この半世紀で5倍以上の約６００万人となっている。背景にはハノイ政権が、コー族のように焼き畑・循環型移動生活を送ってきた山岳・少数民族に対して焼き畑の広大な土地を国有化する定住化政策を推し進めたことがある。結果的に土地なしのキン族の入植先が確保される一方、コー族などの先住・山岳民族は土地も人数も激減したのだ。

コー族集落への吊り橋の入り口。チャーミー人民委員会の看板の下、ベトナム社会主義共和国の国旗が見える。

そして19年のＮＧＯ報告では、少数民族はベトナムの貧困層の72％を占め、キン族との社会経済格差はますます拡大しつつあるという。では焼き畑をできなくなったコー族はどこへ行ったのだろうか？

子どもだけ留守番の村

中部の都市、クァンナム省の省都タムキーから西方の、中部高原最高峰のゴクリン山に向けてつづら折りの山道を約2時間――はらわたがひっくり返るほどの揺れに、助手席で取っ手にしがみつきながら耐えた。険しく狭い山道ではすれ違いも困難だ。丸太を満載したトレーラーや大型トラックなどと出くわしたら、次の道幅が広いところまで我々のジープ（四輪駆動車）の方が譲って後退しなければならない。余計に時間がかかるが、数キロごとに道端にはバナナやマンゴスチン、薬草などを並べて売る屋台も出ていて、退屈はしなかった。

高原に出ると、ゴクリン山中腹の地下水や湧き水を集めて源流と成し、このあたりではすっかり大きな流れとなっているソンチャイン川と並走して進む。途中、日本のODA（政府開発援助）でできたという大きなダムも見かけた。この川は下流のホイアン市内では、美しい灯籠流しで観光客に知られるトゥボン川となる。

コー族の集落に向かう途中の道端の果物屋。

ソンチャインのダムが見え始めると、川の向こうの山腹から山頂にかけて、多様な先住民族の集落がちらほらと現れ始める。さらに山頂近くには山火事の跡のような枯れ木地帯がいくつも見える。

「むむっ。枯葉剤の跡でもあるまいし、あれは何？」との私の問いにホアが「焼き畑農業の跡です」と答える。「なんだ。じゃあ政府は焼き畑を禁じたわけではなく、認めているんだ」と確認すると、「よく、わからない」と言葉を濁す。

集落の入り口に到着し、車を停める。訪問者はここを通らないと集落に入れない。他の先住民族集落の入り口同様に、深い渓谷を渡る大きな吊り橋になっており、進んでいくと向こう側から小中学生ぐらいの男の子数人が興味深そうに、こっちに向かって渡ってきた。

「君たちの村か?」と話しかけた。「そうだよ」と言う。吊り橋のはるか下、岩場の渓流では2人の少女がキャッキャッと歓声をあげながら水を掛け合い、水浴びと遊泳と素潜りを繰り返している。「彼女たちも同じ村の子?」と尋ねると「妹たちだ」とのこと。

コー族の集落に入る吊り橋を進むと少年たち3人が近づいてきた。小さな弟はすぐにお兄ちゃんの背後に隠れた。「両親や大人たちは山の上の畑に出掛けて村には誰もいないよ」と言う。吊り橋の下を見るとはるか下の渓流で少女らが水浴びして遊んでいた。

さて、子どもたちではなかなか集落の状態がわからないので「君たちのお父さん、お母さんに会いたいんだ」と呼びかけると、「いま村には大人たちは誰もいないよ。みんな山のてっぺんの方で農作業をしているんだ」と身振り手振りも加えて説明してくれる。山頂と言うからには焼き畑での農作業らしい。「そこへ行こう!」。さっそく案内人2人に声をかけると、「すごく遠い」「今日中には帰れなくなる」などと反対された。「少年たちの親が徒歩か、せいぜいバイクで通っている距離だぜ」と説得しても、2人は首をタテに振らない。どうも先住民族の焼き畑農業の現場は取材させたくないようだ。

よしっ! 親は不在でも、爺ちゃんや婆ちゃんは居るだろう——と集落の中に入っていく。これには喜んで案内人たちも付いてくる。集落は案外小さい。戸数30戸ほどに集会所、作業小屋などせいぜい50棟未満。人口も百数十人程度らしい。とにかく、静かだ。子ども以外、見かけるのは犬だけで、その犬も子どもも私たちの姿を見てどこかに隠れてしまった。たまに鶏の鳴き声がするだけだ。

これじゃあ取材にならない——との素振りの私を哀れに思ったのか、2人の案内人は「この集落は実は豊かなんだ」と私を静かな集落内をあちこち連れまわし、道端には青い実のバナナの木がたくさん植えられていることや、各世帯の庭にはさまざまな薬草が栽培されていることを教えてくれるのだが……。

特に年配のファイは少数民族の医療・福祉担当の責任者で、このあたりの村人たちから薬草などを買い付け、都市部の衛生用品を地域に配布する任務もあるそうだ。

「これはNgai cuu(ナイ・キウ=ヨモギの一種)だ」と説明し、「口でかみ砕いて葉液を傷口に塗ると薬になるよ」「これはシナモンの木。このあたりは自生してるんだ」などと丁寧に説明する。

観光化する先住民文化

それでも先住民当事者に取材できないことに不満そうな私を、2人はチャーミー県の少数民族ビジターセンターに連れて行ってくれた。レストランも併設、宿泊もできるし、ときには民族芸能の祭事や宗教儀式のパフォーマンスなども公演される大きな建物だ。大型バスの駐車場も整備され、海外からの観光客も運んでくる。

ここではセダン族など、この地域の先住・少数民族の衣装をまとった女性たちが、前章でその効果を身をもって体験したゴクリン人参ドリンクや干しシイタケなど、地域の特産品をにこやかな笑顔で販売している。もちろん、私には顔を見ただけで誰がセダン族か、この中にコー族がいるかどうかなどもわからない。売り子の中には簡単な英語を話す人もいたが、商品の説明には付き合ってくれても、この売り場にコー族の人がいるかどうか、ふだんはどんな仕事をしているのか、政府の少数民族対策は十分か――などになると、とたんに「わからない」を連発して口を閉ざす。

日本国内でのアイヌと政府の関係を彷彿とさせる。私は『朝日新聞』記者時代の2007年から数年間、北海道・夕張市などに駐在した。以来、ラディカル（根源的・本質的）な生き方を選んだアイヌと交流し、彼らが政府に協力して文化・宗教儀式を観光客用パフォーマンスとして見せる同胞を「観光アイヌ」と批判するのを目の当たりにして、多くを学んできた。

こうした先住・少数民族の間に対立をもたらしたのも、私たち自身の「内なる植民地主義」だと私は考えている。

ベトナムではなぜ、自由な少数民族取材ができないのか？　ベトナム戦争という事実上の抗米戦争の最中に、中部高原で人民軍陸軍大佐として戦闘を指揮しながら、少数民族の集落を一つひとつ歩いてその文化を学び、交流してきた記録作家のグエン・ゴックに、ホイアン市内の自宅でインタビューした。（通訳・鈴木勝比古氏）

インタビューに応じる作家のグエン・ゴックさん（91歳）。クァンナム省ホイアン市内の自宅で。

――山岳・少数民族との付き合いの長いグエン・ゴックさんのような方には顔を見たら少数民族かどうか、何族かはすぐにわかるのではないでしょうか？

　昔は民族ごとに特有の服装をしているなど固有の文化性も強かったが、今は特に若者などはTシャツにジーンズで服装だけではわからないし、顔つきなどでは民族を判別できない。今は話している言葉を聞いて判断するしかない。

――ゴクリン山系のコー族の集落訪問はできましたが、先住民族当事者へのインタビューはできませんでした。「トゥイチャムの野戦病院」跡には、フレ族の若者の助けを借り、へたばりながらもたどり着けました。森の中の集落や野戦病院には行くだけでも大変なのに、戦争中に徒歩で踏破されたゴックさんの困難はいかほどだったか。特にフレ族の若者のバイク部隊には感動しましたが、ゴックさんらの戦争中は、バイクも使われなかったのですか？

　当時、人民・解放軍の側にはバイクはなかった。1972年にクァンガイ省ドゥクフォーの西、トゥイチャムの野戦病院の南20キロの敵基地を攻撃した時に戦利品として1台のバイクを押収したのです。

初のバイクは戦利品

　ホンダのスーパーカブで貴重品でした。私が生まれて初めて見たオートバイでした。我が部隊の司令官が使うことになり、大隊本部を訪問する際に私を後部座席に跨《またが》らせて出発しました。司令官は戦車から普通車まで旧ソ連で操縦法を習ってきた、車のメカニズムにも詳しいベテランです。それでもバイクには慣れてなくって急発進させてしまい、私も一緒に田んぼの中に落ちました。

――中部高原のオフロードの運転の厳しさはフレ族のバイク部隊の運転の川越えで私も体験しています（笑）。当時の野戦病院は山小屋みたいに粗末なものだったそうですね。

山小屋？　そんな立派なものじゃない。そんなんじゃすぐに見つかってしまう。草ぶきで密林に紛れるようにして隠されており、多くの施設が地下に造られました。

――少数民族の多くが解放軍側についたようですが、中には米軍やサイゴン軍側についた者もいるわけですよね？

それは違います。米軍側に味方したのは都市部にいたほんの一部の少数民族だけです。都市部の少数民族はサイゴン軍側に徴兵されたり、雇われたりした者もいましたから。農村や山岳部の少数民族は皆、解放側につきました。当時の中部高原には大きく分けて12の民族がいましたが、言語的に分ければモン・クメール語系やマレー・ポリネシア語民族などです。

――ベトナム戦争の勝利にこれだけ貢献した山岳・少数民族は、戦後、その権利を保障され、生活は改善されているでしょうか？　なぜ、こうなったのでしょうか？

１９７５年の解放後に政府は二つの方針を決めました。一つは中部高原の土地を国有化すること。しかし昔から土地や森林はそこに暮らす少数民族の村落共同体のものだったわけです。戦争中も、解放軍の兵士である私たちは、食糧確保のために焼き畑をする必要がある時は、この共同体の長に許可を取る必要がありました。

川や森林を使う場合もそれぞれを管理する共同体の長がおり、私たちは一つひとつ許可を取っていました。各共同体の伝承によれば、山や森や川の精霊＝神様が各共同体に分け与えたものだからです。にもかかわら

地元特産のシナモンや干しシイタケ、薬草類を売り込む少数民族の女性。（左右写真：クァンナム省チャーミー県のビジターセンターで）

ゴクリン山チョウセンニンジン漬け焼酎やゴクリン山栄養ドリンク（上の棚の上）を入れたペットボトルを並べて売り込む地元チャーミー県の少数民族の売り子。

ず、政府は法律で一律に国有化してしまったのです。

二つ目はハノイ周辺を含む北部平野の紅河デルタなど人口密集地に住むキン族を中部高原に政策的に移住させました。キン族が急増しました。このようにして中部高原の人口比率が変わってしまいました。キン族だけでなく、北部の少数民族も中部高原に移住させました。北部平野の密集を緩和するためです。

ハノイ近辺のある県の1万人移住計画では数千ヘクタールの農地が必要でした。それに中部高原の少数民族の共同体所有の土地を充てたわけです。

――それではグエン・ゴックさんらが戦争中に築いてきた少数民族との信頼関係が、根本的に掘り崩されていきますね。

そしてハノイ政権は91年から、中部高原の共同体の共有地の森林や土地を分割して、実際にキン族の移住者たちに与え始めます。分割供与は旧住民の少数民族に対しても平等ですが、すでに移住者のキン族らが圧倒的多数になっていますから。

少数民族が家族単位で運営していく伝統的な焼き畑農業は1家族10カ所程度の畑を保有して毎年、伐採、焼却、種まき、収穫などを繰り返して各畑を移動しながら約40年間で循環して元の畑に戻る、という持続可能な農法ですが、政権は北部の定住型農業を一律に適用したのです。これが間違いの元でした。

山奥深く追い込まれ

つまり焼き畑を禁じるというより、焼き畑をやるだけの土地がないから、事実上、焼き畑ができなくなっていくわけです。

さらに、土地の共同体所有が否定されて土地の売買が可能になったため、平野から中部高原にやって来た新住民は、分配された土地をカネを使って安く買い占めていく。大型農業のための農地の集約化は進むが、90年代以降、こうして少数民族は土地を失っていく。いま、少数民族はますます山の奥深く、さらに高所に追いやられているのです。

――生活はどうなりますか?

そういう人たちは生計を得るためには、そこで新たに木を伐採し、つまり森を破壊せざるを得ないのです。持続可能な焼き畑はできないから、焼くとしたら刹那的な山焼きしかない。

――何か解決策はあるのでしょうか?

民族学者も入れた私たちは91年に政府に対し、「土地分配政策を止めよ」と提案しました。「村＝村落共同体ごとに土地を分配するならば賛同する」との代案も出しました。共同体を復活させるという案で、私たちは、のちに首相となるグエン・タン・ズン副首相に、意見を聴取されたこともあります。私も誠意をもって対案を説明したのですが、結局、政府は聞く耳を持ちませんでした。

そして2001年にはエデー族とザライ族の反乱、対政府暴動がダクラク省などで起きました。04年にも、

08年にも……。

——最近、2023年夏にもダクラク省で暴動は起きていると聞きました。英国のBBCなどは伝えているようですね。現状は悪くなるばかりなのでしょうか？

もはや、そうした国の土地政策によって村落共同体の基礎である共同体所有の土地がなくなり、共同体そのものが崩壊している。かつての中部高原の村の形態があれば、森林の持続的維持も可能なのだが……。クァンナム省の共産党委員会は私の提案を受け、北部の一部カートゥ村では共同体の土地を返還。その後、3年以上経っているが、それによって森林破壊はストップしている。

ただ、森林の盗伐はあり、権力と結びついた業者などが乱開発で森林破壊を進める可能性はいたるところにあります。

8

船長たちの恋と闘い

「海のホーチミン・ルート」を担った「ふつうの英雄」たち

ベトナム戦争の帰趨を握ったものの一つに、中部高原（西原）やラオス・カンボジア側の山岳地帯を通って北から南に向かう兵站補給路「ホーチミン・ルート」があったことはよく知られている。しかし、陸路だけでなく海上にも、「より重要」で「より効果的」だが、「より危険」なもうひとつの、不可視の〝道〟があったことはあまり知られていない。「海のホーチミン・ルート」――「海の道」の担い手であった「知られざる英雄」たちを訪ねた。

ベトナム戦争中は「ホーチミン・ルート」そのものについても、北が南を支援している証拠になるため、秘密が多かった。本多勝一もその詳細をルポできるようになったのは、サイゴン解放後2年を経た1977年春になってからだ。「戦後」の復興を報告した著作『ベトナムはどうなっているのか?』（朝日新聞社、77年）では1章を丸々「ホーチミン・ルートを行く」と題するルポに充てているが、本多は海上に極秘の兵站輸送路があったことは知らなかった。

「ふつうの人々」の「ふしぎな総力戦」

この海のルートは戦争終結時（75年4月のサイゴン解放）まで軍事上の必要性から、ほぼ完全に秘匿されてきた。戦後も長きにわたり、この極秘ルートの担い手たちは「英雄」視されることもなく、戦前と同じ「ふつうの漁民や庶民」に戻って「人民の海」に紛れたままの生活をしてきたから国内でも広く知られることはなかった。

「名もなき人々の革命への貢献こそ、記録に残すべきだ」と考えた元人民軍大佐で作家のグエン・ゴック（91歳）が戦後、ベトナム中を歩き回り、「真の英雄と呼ぶべき人々と関係者」を探し出す旅を続けてきた。その聞き書きをまとめたのが、２００４年に刊行された『東海に一つの踏み分け道があった』（注：東海〈ビエン・ドン〉＝ベトナムでの南シナ海の呼称）。この著作によって「海の道」の存在にも、少しは光が当たるようになった。

日本では17年になって、ゴックの、その名もずばり『海のホーチミン・ルート』（訳・鈴木勝比古、光陽出版社）が出版された。が、この海上輸送ルートがあったからこそ、「ベトナム解放戦争の勝利」が実現できたのだ――との歴史認識をもつ人はきわめて少ない。

2023年夏の私たちのベトナム滞在中、ゴックは海のルートでの闘いの実態について長時間、何度かに分けて語ってくれた。

「米国の侵略に対して、私たちが密林の奥や村落の拠点からゲリラ戦を展開してきたことは、ご存じの通りです。一方で、身を隠す所もない広大な洋上でも小型船から、サイゴン政権の強力な海軍と、米国の覇権を誇示する第7艦隊に対し、不可思議な総力戦を挑んでいたのです」

「彼方沖合の海では、漁船を装った航行や、米側に発見されて応戦していた戦闘が数えきれないほどありました。こうした海上でのゲリラ戦と呼応し、沿岸の女や子どもたちが夜陰に紛れて武器・弾薬の陸揚げを手伝ったり、入江に入った船をヤシの葉で隠したり、海上戦から逃れてくる乗組員を匿ったり、宿や食糧を提供したりしていた。しかも驚くべきことに、兵力でも装備でも圧倒的に不均衡なこの対決で、この『ふつうの人々』の側が勝利してしまうのです」

鈴木の解説によれば、北ベトナムから南へ向かうホーチミン・ルートの建設はジュネーブ協定から5年後の1959年5月に始まり、車道だけで延べ2万キロ。加えて

当時の政治状況

日本の軍事占領が終わった1945年9月のホー・チ・ミン主席による独立宣言以来、9年間にわたる抗仏戦争でも、ベトナム側は勝利したのに、54年のジュネーブ協定では英米仏中ソの超大国のパワー・ポリティクスにより、南北2地域への分断を受け入れざるを得なかった。米国はさらにジュネーブ会議の最終段階で和平協定の調印を拒否。協定に盛り込まれた2年後の統一のための全国選挙の実施が、民衆の圧倒的支持を得ていたホーに有利に働くことを恐れたためで、54年7月の協定締結直前には、独立派への破壊活動の秘密作戦を開始し、南に傀儡のゴ・ディン・ジェム政権を擁立。翌55年2月には米軍事顧問団がサイゴン政府軍の訓練を開始、56年3月にはゴ政権が協定を無視して南単独で「制憲議会選挙」を強行する。

ホー主席は「独立と自由ほど尊いものはない」と人民に向けて呼びかけつつ、戦術的には当初から武装闘争に執着したわけではない。協定直後は、約束された南北統一選挙の実施を求めて粘り強い政治闘争を展開。並行して武装闘争も準備するとの方針を決めたのは、協定から5年経った59年5月のベトナム労働党（共産党）中央委員会会議だった。

人道＝踏み分け道があり、上空から見えないように樹木で隠したり、中継点には倉庫を設けて食糧を備蓄したり、密林を縫って燃料を送る全長１４００キロメートルのパイプラインも整備されていた。

米軍はこうしたインフラを発見次第、徹底的に攻撃。第２次世界大戦中に米軍が使用した爆弾の総量に匹敵する計４００万トンの爆弾を、ホーチミン・ルート上に投下したのだ。

新兵器が戦局を変えた

２０２３年8月末、カントー市に接する海辺の街、バリア・ブンタウ省フォックハイ村で暮らす、秘密船団の元船長レー・ハー（86歳）を訪ねた。レーは、自らが参加した初期段階の作戦の実態について語った。

「61～62年、共産党（当時はベトナム労働党）中央からの指示で、南部の志ある若者たち、沿岸部の地形に詳しい漁民らが集められて船とともに北部に派遣され訓練を受けたあと、武器・弾薬を積んで再び南部の秘密の船着き場に送るという計画を実行することになりました」

陸のホーチミン・ルートは人力で武器を運んでいたため量的限界があったし、当時はすでに敵から激しい攻撃を受けていた。メコンデルタなどへの海のルートも、初期のころは50トンまでの小型船だった（漁船を装うために大きな船は使えなかった）が、制空権を握っていた米側は空からの偵察や航空写真の解析で解放軍側の船の動きを掴むようになり、作戦が始まってからの最初の3年間は成功率１００％に近かったのが、その後はどんどん潰されていった。党中央は「送り込んだ武器・弾薬の50％が届けば成功と見なす」との姿勢に変わっていく。

「それでもわれわれが南に届けた武器は、１２０ミリ迫撃砲にせよ対戦車砲にせよ、当時の最新兵器。解放戦線側は当初、大変お粗末な武器でサイゴン政府軍に抵抗していたが、われわれが持ち込んだ近代兵器で

秘密船団の元船長レー・ハーさんは、バリア・ブンタウ省フォックハイ村の自宅裏を流れるメコン支流ロクアン川畔のこの秘密の船着き場に、部下６人を引き連れた小型船で計150トンに及ぶ武器・弾薬を運んだ。ベトナム戦争最中のことで３回に分けて運搬した。今では、沖合イカ釣り漁に向かう地元漁船が河口に向かって下っていく平和な光景が見られる。

次々と敵を打ち破るようになった」

今度はそれが、米国の戦略を「特殊戦争」から「局地戦争」に変えていく契機となる。傀儡政権をつくって傀儡軍を背後から操る「戦争」から、直接軍事介入への転換――65年の北爆の本格化、中部ダナンへの米海兵隊の上陸と地上戦突入だ。

この頃から、船も戦闘能力を発揮できるよう鋼鉄船が採用され、航海士や機関士も乗り組むようになる。レーも北で航海術を学んで船長に抜擢される。

「百本の松明で一尾の魚を捕る」

さらに68～72年、敵の監視と攻撃が厳しくなった時、中部の海岸では沖合から武器・弾薬を流して浜で回収するという作戦も取られた。見つかれば船を自爆して逃げるという、甚大な犠牲も払った。海流も計算し、積み荷である30トンほどの武器・弾薬をいったん海に流して夜に浜の仲間が10～15トンをすくい上げるという作戦は、今なら

「コストが高くつきすぎる」という批判も出よう。

が、党指導部の認識は、筆者のような効率第一主義者のそれとは違った。レーは「百本の松明で一尾の魚を捕る」とのベトナムの諺を引き語る。

「仲間が戦場で使う銃が1丁でも増えるなら、私は燃え尽きる松明の1本になる」

2015年に97歳で亡くなったレーの母親ムオイ・リウは、屋台で雑貨を売りながら蓄財した何百万ドンもの資金を、すべて秘密船団の偽装船購入のために提供した人として有名だ。しかし、彼女も戦後の革命政府から1ドンの見返りも求めることなく、母子が暮らしてきたこの家は、地元・人民軍の退役兵士たちがボランティアで建ててくれたという。

レー・ハー元船長の自宅2階にある母親ムオイ・リウさんの仏壇。屋台で果物や雑貨を商いしながら大金を貯めて解放勢力に寄付し、「海のホーチミン・ルート」に使う小型船や擬装用の漁網などの購入費を提供し続けた。戦中も戦後も自らは極貧の生活に甘んじ、9年前に97歳で亡くなった。

「海のルート」の利点は何といってもその運搬期間の短さだ。ジュネーブ協定で17度線の軍事境界線を越える陸路での物資や人員の移動には厳しい制約があるうえ、ベトナムの背骨、急峻なチュオンソン山脈沿いの「陸のルート」での移動には3カ月から半年、長ければ1年かかることもあったという。

それが海上移動なら、南の目的地まで7～10日に短縮できるのだ。革命戦争に勝つためには一刻も早く、大量の武器を味方に届けねばならない。それは侵略者の支配から、自分たちの人間らしい生活を取り戻すためでもある。そのことに命をかけた女たちと男たちがいた。

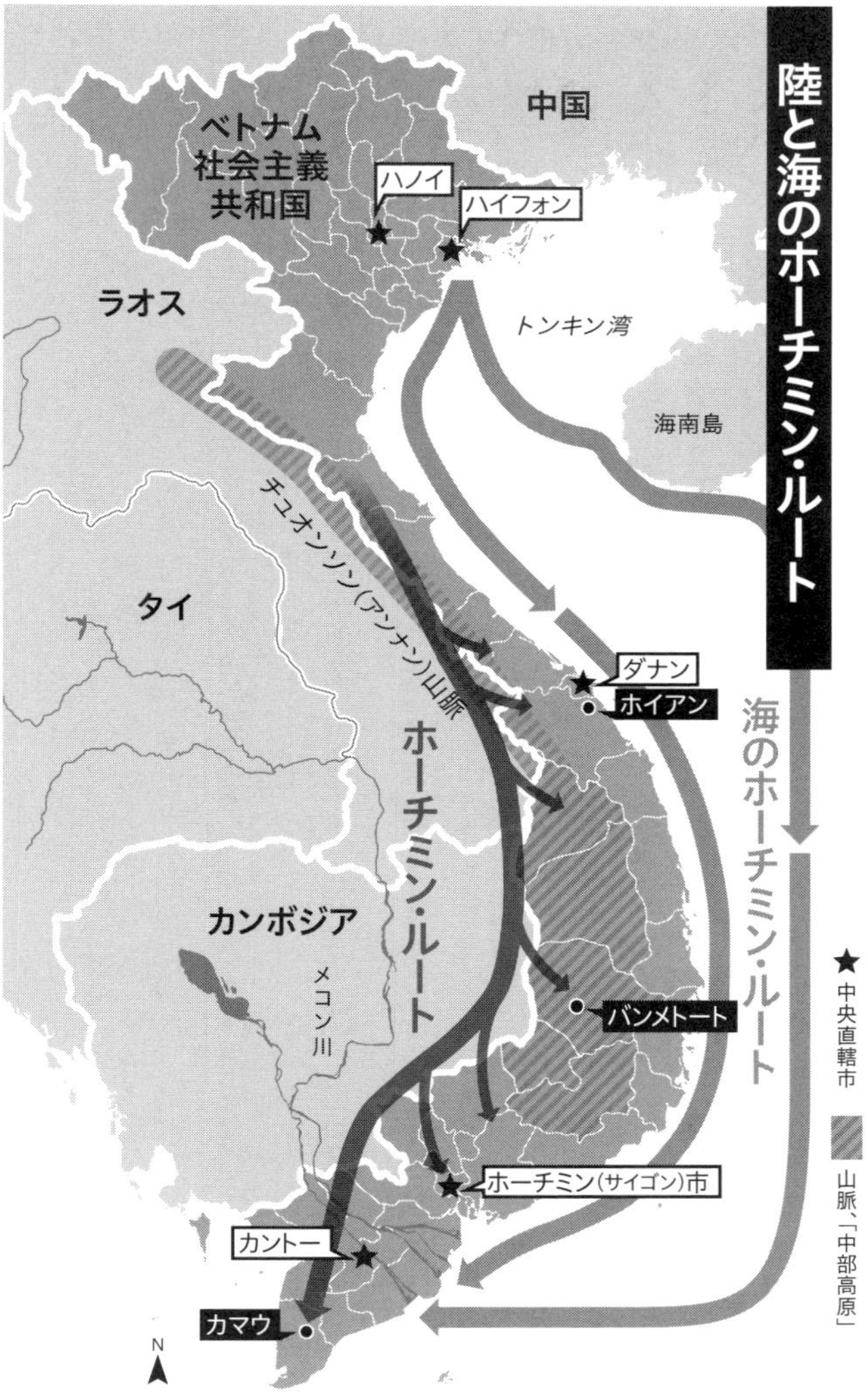

『ベトナムはどうなっているのか？』（本多勝一著、朝日新聞社）、『海のホーチミン・ルート』（グエン・ゴック著、鈴木勝比古訳、光陽出版社）などを参考にして『週刊金曜日』編集部が作成。鈴木氏によると、海のルートは初期の海岸沿いの「隠密航海」型から天測航法機器を駆使した「遠洋航海」型に発展していく。沿岸ルートは攻撃されやすいため、公海上に出て攻撃を避ける意味合いがあった。目的地の南部の船着き場と同じ緯度まで来たら、一気に西に舵を切り、夜陰に紛れてベトナム領海を直進、入江に入って荷下ろしし、夜明け前に再び沖に向かって公海に出て帰路につく。変化型としては、必要に応じて中部海岸の砂浜地帯でも同様の方法で荷下ろししたりもしていた。

清貧が支えた民族独立

秘密船団のもう一人の元船長、グエン・ドゥク・タン（89歳）をカントー市に訪ねた。人民軍の機関紙記者をしていた地元の女性作家ザ・ガン（71歳）が、いち早くタンの住所を割り出してくれていた。

タンはメコンの支流ハウ川からの風が吹き込む自宅のベランダに、ハンモックを吊るしてまどろんでいた。ここが作家ゴックがタンにインタビューした、その場所だとすぐにわかった。

まさにここでゴックは、タンの妻サウ・トゥイからあぶった干し魚と自家製焼酎で歓待を受けつつ、元船長の語る壮大な恋物語に耳を傾けたのだった。

タンもトゥイも、本来ならば「抗米戦争の英雄」として国家からそれなりの待遇を受けてもいいはずだが、ゴックが訪ねた時も、そして今も、彼らは決して裕福ではなさそうだった。

「現在の市場経済のなかでビジネスに身を投じることを知っている新しいタイプの人間ではなかった」とゴックは2人の印象を綴っている。戦後のドイモイ（経済刷新）の嵐の中でうまく時流に乗って金持ちになった人もいたが、多くの庶民は2人のように戦中と同じく「やはり貧しかった」のだ。

が、ベトナムでの民族独立戦争は、まさにこうした「清貧」の人々に支えられていた。サイゴンにできた傀儡政権と米軍による資本主義文化は、基地周辺で売春を蔓延《はびこ》らせ、ベトナム民族の村落共同体の伝統文化を徹底的に破壊した――車に乗って取材から帰る途中の本多勝一は、売春婦をバイクの後部座席に乗せたヒモの若者たちに「この女を買ってくれ」と追いかけまわされた体験を、苦々しい思い出として紹介している。

メコンの風に吹かれて

ハウ川の風に導かれてタンとトゥイの純愛に浸りたい。

ゴックのインタビュー時、50歳すぎだったトゥイは「西部（メコン）の娘らしい色艶があり、清楚だがきびきびとした気の強さも顔に出ていた」という。が、そのトゥイの面影は、今はタンの寝室にある遺影の中にしかない。2023年5月、重い病で他界していた。

タンはカントー市に隣接するハウザン省出身。ジュネーブ協定によって北ベトナムの支持者として北部に行った、いわゆる「北部集結組」の1人。北では当初、砲兵師団などに配属。１９６０年に選ばれて南部に潜入する教育訓練を受け、63年7月まで海軍の幹部候補生として基本を学んだ。そこで初めて「海の秘密ルート」があることを知った。

63年9月、副船長として最初の秘密の航海に参加したタン。3回目までは目的地が多少ずれてもまずは順調な滑り出しだった。が、4回目の往路で何と嵐と荒天に何度も遭遇。ようやく到着したメコンデルタの船着き場で、乗組員の世話をする女性グループが歓待してくれた。その中にトゥイがいた。タンは当時30歳。トゥイ19歳。

「純朴ながら気性が激しく荒々しい女に見えた。それは戦時という環境がなせる業《わざ》なのか、西部（メコン）の女の生来の性格なのか」と振り返るタン。そんな中、「トゥイは私の食事の世話をする時、他の仲間にするのと明らかに違う。目つきも口調も」とトゥイの好意にすぐ気づく。

タンもまた出会った時から「稲妻に撃たれた」と言うが、90歳近い男の少年のような恋話には鬼気迫る凄みを感じた。

愛ゆえの別れの決意？

タンはしかし、自制した。以下は当時のタンが心中で繰り返していた自問自答の内容だが、鈴木の邦訳『海のホーチミン・ルート』でも山場の場面だ。

「これは私自身の生死をかけた戦争だ。死はあすにでも、いつでもやってくる。他の人の人生を私に縛り付けてどうする？　人を愛すれば愛するほど、いっそう歯を食い縛って別れを耐えなければならなくなる

もう一人の秘密船団の元船長、グエン・ドゥク・タンさん。左上は愛妻のサウ・トゥイさんの遺影。遠く離れた「戦場の恋」を育てたのは、仲間が数百キロの洋上を運んだ手紙だった。

……」

出航予定の朝。タンは「苦しみつつも」二度とこの港には戻らないと決意をした。そうすればこれ以上、彼女に逢って苦しまなくていい……と。

ところが、出港時刻直前の夜のハノイ放送が台風接近の緊急ニュースを伝え、1週間出発が延びた。さらに1週間後には別の台風が来襲し……という繰り返しで丸1カ月、船は船着き場に留まった。2人が愛を深めるのには十分だった。

「私たちは互いに、もはや堪えることができなくなっていたのです」。果物が自然に熟して落下するように、恋人同士は事実上の妻と夫になっていた。嵐が収まって北へ戻ったタンは、持参したトゥイの経歴書を司令部に提出、正式に結婚を願い出た。タンは極秘部隊の特別任務の兵士であり、「当時はそうせざるを得なかったのです」と言う。

結婚は軍から承認されたが、すぐに一緒に暮らせるわけでもない。司令部はタンの船団がトゥイの船着き場に定期的に行けるように配慮してくれるわけでもない。すべては、そのころからいよいよ激しくなる戦況に左右されていく。その直後から敵の艦隊による監視・攻撃の強化で、すべての海上活動が半年以上休止に追い込まれた。

メコンデルタ方面よりも緊急に武器・弾薬を必要としていた中部高原の沿岸部に、直接送り届けるルートの開拓にタンが動員されたりもした。

女性の大切な贈り物

2人は何年間もすれ違いで逢えずにいた。あるときトゥイは北にいるタンに宛てた土産付きの手紙をメコンデルタを出る秘密連絡船に託した。

仲間が運んだが、いたずら好きの一人が、贈り物の包みを開けてしまう。柔らかくフワフワしているのに興味を持ったからだ。中にはトゥイが大切にしている下着が包まれていた。

純情なタンにとっても驚きではあったと同時に今もうれしい大切な思い出でもあった。タンは仲間たちに自慢していたし、ゴックのインタビューでも自ら明かしている。このときばかりは、トゥイはタンに「あなた、いい加減にしなさい」と怒って席を立ち台所に去っていった。

このあたりのタンののろけ話は私にも打ち明けてくれた。これを確認した私のタン元船長へのインタビューを採録する。（通訳・鈴木勝比古）

――秘密船団の船長としての苦労は想像を絶するものだったと思いますが、最も苦しかったのはどんなことでしたか？

1967年、戦争がさらに激しくなった時、中部の危険な砂浜海岸をめざしていましたが敵に見つかり、囲まれて激しい銃撃戦になった。沖合には米駆逐艦がいたので砂浜に向かった。船は自動的に爆破するようにセットし、乗組員には浜まで泳ぐよう指示。戦闘は海上から陸上に移り、乗組員17人中、4人を失った。生存者13人中、私を除く12人が負傷していた。それから私たちはこの地の解放勢力に助けられ、陸のホーチミン・ルートを歩いて3カ月かけてハノイに帰りました。その後、再び新たな船団を組織し、中部海岸には計4回、武器・弾薬を送り届けました。

しかし、この頃はトゥイとも逢えず、手紙のやり取りもできず、人生で一番つらい時期でした。トゥイは私を捜して北部に逢いに行こうと中部戦線への異動を申請したり、一時期は私が作戦失敗の自爆で死んでしまったと思い込んでいたそうです。

——あの戦火の中でトゥイさんへの愛を貫かれたことには感動しました。何年間も逢えない苦悩をどう克服したのですか？

「東海の恋」です。私の活動拠点は北部。彼女が働いていたのは南部メコンの船着き場ですから、私以外の船長がそこに行くたびに手紙を託していました。絶対的な秘密を守りながら、仲間が私たちの手紙を双方に届けてくれていた。

ほのかな生姜《ジンジャー》の香り

戦火の中でこの恋を貫くことは確かに非常に困難なことでした。千数百キロも離れたまま互いの任務をサイゴン解放までずっと続けてきた。互いの家を訪ねて家族にも紹介したかったけど、特に私の場合は極秘任務だったので不可能でした。逢うことすらかなわないのだから、愛を育ててくれたのは手紙です。

——郵便さえない戦時です。そうした私的な手紙を運んでくれる仲間がいたわけですね。失礼なことを聞きますが、トゥイさんが下着を贈ってくれた話は、私は微笑ましく読みました。

ほのかに甘いジンジャーの香りがして……（とタンは顔を赤らめた。ザ・ガンが横から「どんな下着だったの？」「ドゥク・タン、それに頬ずりしたんじゃないの？」と横から興味津々に口を挟む。ザ・ガンが「今でいうキャミソールよ」と教えてくれた）。

——革命戦士は革命や祖国解放のためには、私的な感情は抑えねばならないのでしょうか？

私たちは64年に知り合ってすぐに愛し合っていたわけですが、司令部はいつも私の船の行き先をトゥイの船着き場とは違う場所に指定してきました。

サウ・トゥイの「秘密の手紙」の中身を聞き出してくれた元ベトナム人民軍機関紙記者で作家のザ・ガンさん。ベトナム戦争中は従軍記者だったため、長女はメコンデルタの密林の秘密の防空壕の中で産んだという。

——なぜ、そんな人の恋路を邪魔するようなことをするのですか？　やはり恋愛は革命の邪魔になるとの考えからですか？

私たちの恋を妨害をするつもりはなかったと思います。司令部は純粋に戦略と戦術の合理性に従ったのだと思います。

——75年4月30日の解放の日はどうしていましたか？

その日も漁師を装って海上で武器を運んでいました。サイゴン陥落のニュースはラジオで聞きました。乗組員は全員、船上で泣き出しました。ただちに船底に隠していた金星紅旗（ベトナム国旗）を取り出して堂々と高く掲げて祝ったのです。

――その後はトゥイさんと一緒に住んで、夫婦らしい暮らしができるようになったのですか？

解放後はサイゴンの南西、キエンザン省で再会し、カマウで新婚生活を始めました。しかし、妻は3年前から寝たきりで最後は会話もできず、じっと見つめ合うだけでした。でも、見つめ合うだけで幸せでした。私も妻も革命に貢献できたのですから。今も見つめ合っていますよ。

9

ハノイの共産党員の家に生まれて
—在日25年、チャン・ティ・ヒエンさんの目
ドイモイの光と影

本多勝一はベトナム戦争中の農村地帯を取材し、合作社（農業協同組合）の組織化や将来に期待を寄せていたが、南北統一後の政権がやがて直面する食糧危機や経済的困難には、当時はまだ気づく術もなかった。「社会主義」を掲げるベトナムが危機打開のために大胆な市場経済の導入と対外開放に政策転換したのは１９８６年――ベトナム語で「刷新」を意味する「ドイモイ」の宣言だ。これでベトナム経済が甦ったことは、その後の急速な経済成長を見ても明らかだが、光あるものには影もある。今では新自由主義が席巻し、環境破壊や格差も拡大、汚職・腐敗も蔓延った。今回も「個人の生き方」に焦点をあて、個（ミクロ）の目線で「ベトナムの戦後」を検証したい。

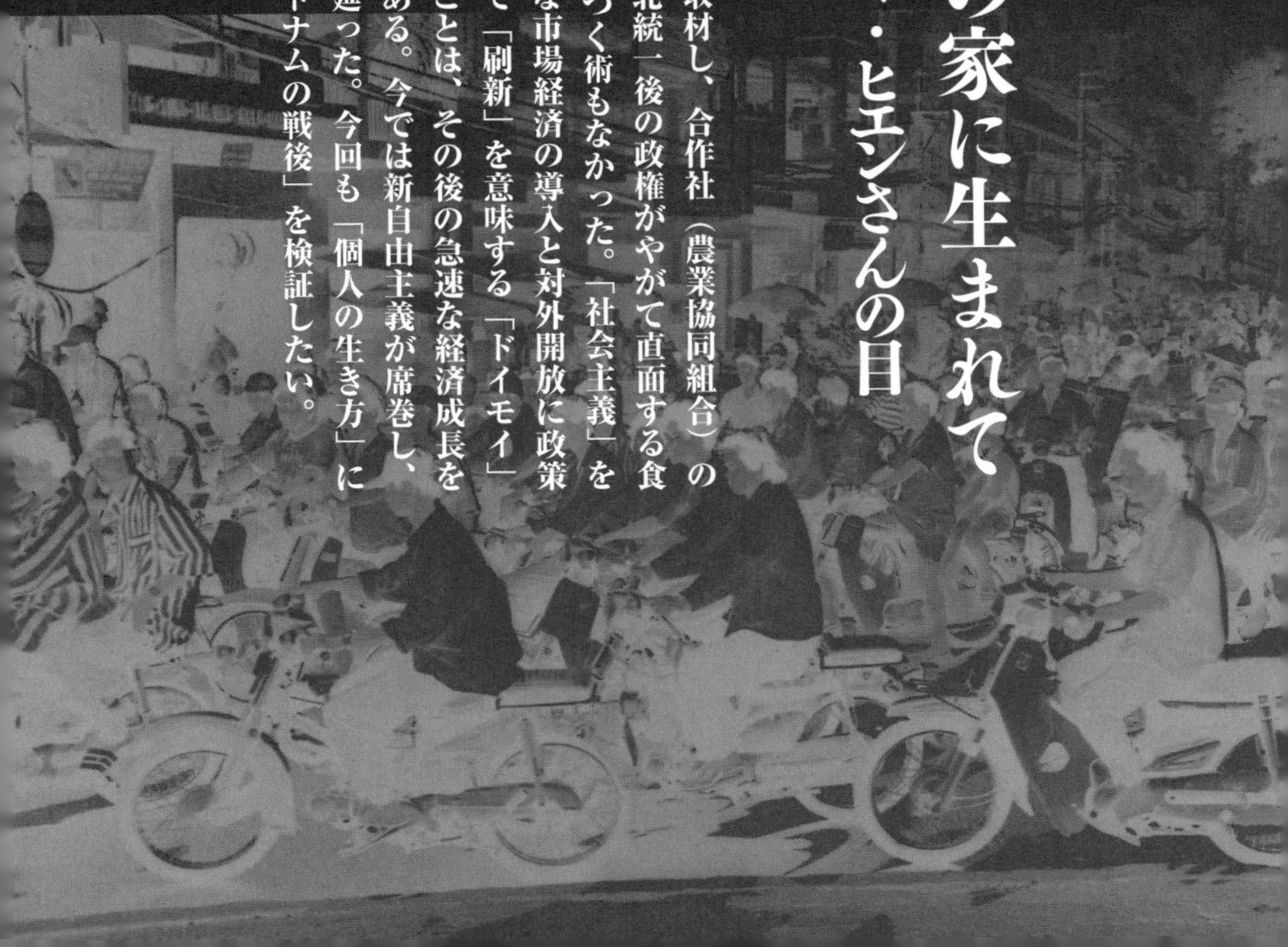

「ベトナム社会主義共和国」がドイモイ路線を確立したのは１９８６年12月、ベトナム共産党第６回大会でのこと。75年のサイゴン解放後、11年が経っていた。

ハノイ政権はベトナム戦争後、全国的な農業の集団化＝「合作社」化を推し進めた。が、南ベトナムは米国による長年の経済・軍事援助で日本製品を含めた商品が市場にあふれ、北に比べて物質的には豊かだった。この時点で南北の経済格差は大きかったのだ。メコンデルタなど南部の穀倉地帯の農民は合作社化で生産意欲を失い、農業生産は激減した。「農地の公平な分配」は、商品作物の生産に適する生産形態を築いてきた中農層を崩壊させていった。

灌漑用水路を修理する合作社・水利生産隊の女性隊員。1972年、北ベトナム・タイビン省で。（撮影／石川文洋氏）

党中央は81年1月、一つの指令（100号指示）を出し、これまでの生産隊単位による共同作業から、各世帯単位の農業生産に移行させた。この指示で農民世帯は、田植えや栽培管理、稲刈りなどの作業を請け負う権利を得た。特に北ではこれが農民の生産意欲を刺激し、食糧生産は一時、急上昇したものの、請負制の不徹底からすぐに低下、食糧難は逆に深刻化した。南部では形式的な合作社などの生産集団への編入で土地分配紛争が多発、全国的な食糧危機に拍車をかけてしまった。

集団化・国有化の呪縛

「ドイモイの功績は、『生産手段の集団化・国有化こそが〝社会主義〟である』というドグマ（教条主義）の呪縛を解いたことにある」

今回のベトナム取材旅行でコーディネーター兼通訳を務めてくれた鈴木勝比古は、ドイモイを総括してそう語る。元『赤旗』ハノイ特派員として在任中に同時進行していたドイモイを、その現場で駐在同行していた家族とともに体験、取材・報道してきたジャーナリストだ。ドイモイを高く評価するとともに、その一番の功労者としてチュオン・チン（１９０７〜８８年）の名を挙げる。

チュオン・チンは日本の軍事占領からの独立を導いた45年の8月革命以前から共産党書記長だったが、当時のソ連・中国の圧力による「農地改革の誤りの責任」を取って56年に党要職を辞任。しかし、統一ベトナムの初代書記長となったレ・ズアン（１９０７〜８６年）が病床に伏すようになった80年代には書記長代行から書記長に返り咲き、「どん底にあったベトナム経済を立て直し、その後の飛躍的な発展を軌道に乗せた」という。

ジュネーブ協定（54年）による南北分断後、北のベトナム民主共和国は「農業の集団化・工業の国営化」を進め、配給制度を流通の柱とした「国家丸抱えの経済体制」をつくった。これが「戦時経済体制」となり、75年まで続いた長期の抗米戦争を支えたばかりか、その後、旧ソ連や東欧、中国からの無償援助が減少し、カンボジア侵攻に対する国際的な経済制裁で苦境に立たされても、「国民一丸」で耐え抜けたのも事実だ。

「しかし、耐乏生活を生き抜いてきた人々は、戦争の時代が終わっても『戦時体制』が続き、生産が停滞

集団で農作業をする合作社の女性たち。1972年、北ベトナム・タイビン省で。（撮影／石川文洋氏）

して最低限の生活必需品を配給に頼る生活に不満を募らせていたのです」

農民は合作社の集団耕作にはもはや意欲を示さず、各農家に認められた「5％の自留地」（合作社に拠出した農地の5％を各農家に残した）で栽培した農作物を自由市場で売って現金収入を得ていた。

そんな中で先述した「請負制」を党中央より先行して実施していた省があったという。しかも抗米戦争中の60年代から。

隠れ請負制の先行実験

ハノイに近い北部のビンフック省。同省の党指導部は66年から農民を合作社の集団労働から解放し、家族単位で生産を請け負わせ、収穫物を市場で売って現金を得ることを認めていた。実は党中央側として、これを厳しく批判したのが他ならぬチュオンだった。

そのために彼は一時、保守的な指導者と見なされていたが、のちに「私の認識が情勢に追いついていなかった」と自己批判する。実際に同省では党中央から批判を受け表向きは請負制を止めていたが、「隠れ請負制」として存続させていたという。

「精を出して立派な農産物を作るのは農民の喜びであり、市場で売れれば家族の現金収入が増え、戦争中は欲しくても買えなかったものも買えるようになることを農民たちは肌で体感していたからです」

鈴木がこう分析するように、「国家丸抱え」の集団化・国有化は、もはや生産発展を阻害する桎梏でしかなかった。

また、南部ロンアン省では配給制を廃止し、自由な商品生産と市場販売を認め、賃金を市場価格に基づく生活費に見合った額に増額する「ロンアンの実験」を試行して成功。サイゴン食糧公社ではメコンデルタの農民から従来の公定価格ではなく、市場価格で農産物を買い付けて農民の耕作意欲を引き出し、食糧危機を克服していた。

「チュオン・チンはこうした改革の実態を現場に行って学び、その責任者から事情を徹底的に聴き、86年末の党大会に臨んだ。『事実を直視し、事実を正しく評価し、事実をはっきり語る』と述べたチュオン・チンの政治報告でドイモイ路線は巷でも熱烈に歓迎されたのです」

現場から学び、自己の視点を見直すというジャーナリストに求められるのと同じ資質を政治家チュオン・チンに見て、鈴木は共感したのだ。実際に、ドイモイ後のベトナムは80年代末にはＧＤＰ（国内総生産）7％台の急成長を果たした。

ドイモイと「私の人生」

筆者は今回の約20年ぶりのベトナム取材旅行の前後に、日本で働いたり、勉強したりしている在日ベトナム人の考えや生き方を少しでも学ぼうと、国内でも取材を重ねてきた。そんな中で在日25年、「自分の人生はドイモイに大きな影響を受けた」と語るチャン・ティ・ヒエンさん（50歳）と知り合った。大阪市内の自宅でのインタビューを紹介する。在日ベトナム人は今や52万人を超え、刑事・民事上の事件も起きるため、今は法廷通訳としても活躍する。

――まずは生い立ちを聞かせて下さい。

私は、1973年に首都ハノイの近く、北部タイビン省の田舎で生まれ育ちました。稲作を中心に農業だけで成り立っていたようなところでした。母は典型的な「農村婦人」（農家の担い手の女性）でしたが、父は早くから抗仏戦争などに従軍し、古くからの共産党員で医師でもありました。きょうだいも高等教育を受け、私も医療短期大学に進学していたおかげで、偶然にもハノイに出て日本語を学ぶ機会があり、日系企業に就職しました。その後、外国語大学の日本語専攻を卒業し、日本人と結婚して日本で通訳として働くようになりました。

――ドイモイが公式に始まったのは1986年。ヒエンさんが13歳の頃ですね。

この頃からベトナムでは、経済自由化とともに社会思想面での転換も始まりました。日本などの「自由主義」の国との交流も活発になったのです。

その頃の私には政治のことなどはわからなかったし、この時点からドイモイが始まった、などという記憶もありません。

ただ、ドイモイが進展する前の80年代の生活の記憶は鮮明ですし、ドイモイが本格化する90年代には若い世代としてさまざまな経験をしてきました。

食べることの変化

ドイモイが始まる前のことで一番記憶に残っているのは、毎日のご飯のこと。私は6人きょうだいの末っ子ですが、兄は1人でした。他のアジア諸国と比べれば、ベトナムでは伝統的にも男女差別はあまり強くないとは思いますが、それでも「後継ぎは男」という考え方が残っており、兄は特別に大事にされていました。母は優先的に兄に食べさせました。

たとえば、兄が魚を捕ってくると、ベトナムでは一番美味しいところとされている頭の部分は、優先的に兄にあげたりしました。正直言って、私は兄が羨《うらや》ましくてたまりませんでした。

そんな時、兄はよく池に行って妹たちのために、みんなで分けることのできるエビを捕ってきてくれました。私は、兄の思いやりがとてもうれしかった。昔のベトナムはどの家でも牛か水牛と鶏が飼われていて、余裕のある家では豚もいました。そして、鶏はお客さんが来る時、豚はお正月などの特別な時に殺されて、近所の人と肉を分けたり、ハムを作ったりしていました。

インタビューに応じるチャン・ティ・ヒエンさん。（撮影／本田雅和）

つまり、肉はいつでも好きなだけ買ってきて食べるのではなく、家にいる動物を特別な時に肉にして、みんなで分け合って食べるものだった。ドイモイ前のベトナムは、食料は配給制。特に肉は毎月少ししか配給されませんでした。みんなで少ししか手に入らない肉を分け合って食べなければなりません。

だから、今のベトナムでたくさん見られるようなブロイラーや養豚場のブタのような動物たちは田舎にはいませんでした。そのような動物の肉は、後に私が日本と関わりだした頃、ハノイのような大きな街に出て、お金を出して買わなければならなくなったものなのです。

ドイモイ後のベトナムは、街にたくさんのビアガーデンができ、ベトナム人は大量のビールや肉を消費するようになり、多くの人が糖尿病などの生活習慣病で苦しんでいます。ドイモイ前のベトナムは貧しくて、満腹になるまで食べることのできる人は、ほんの一握りでした。

――私が初めてベトナムを訪れたのは88年ごろ。インドシナ難民がボートピープルとして漂流している姿が頻繁に報道されていた時期で、その頃も確かに、大人も子どもも、ベトナムで太った人はほぼ見かけませんでした。

お米のご飯があってもおかずがないので魚醤（ニョクマム）をおかずの代わりにしたり、砂糖と一緒にご飯を食べたりする人もいたのです。今の私は日本にいてついつい食べ過ぎてしまうことがあります。最近はベトナムに帰っても食生活が豊かになったので食べ過ぎて太ってしまう。おいしいものを食べることができるのはいいことですが、少ない食べ物を分け合っていた時の方が、心にも体にもよかったのかもしれません。

進む環境破壊

私の田舎は、紅河という北部で一番大きな川の畔にあります。堤防はフランス植民地時代に造られ、水利も昔から大切にされていました。私の父方の祖父は病気になって寝たきりでしたが、ベトミン（ベトナム独立同盟）と勘違いされたため、ある日、フランス植民地軍の傭兵のセネガル兵に銃で撃たれて殺されました。その後、祖母はひとりで4人の子どもの面倒を見ながら、家の土地に大きな池を掘りました。私の生家には今でもその池が残っています。

ベトナムで池は各家庭にとってとても大切な水源です。ベトナム人はとても清潔好きですから、池の水を飲み水としては使いません。昔は雨水や井戸水を飲み水として使っていました。池では魚を飼ったり、その水は家の周りにある菜園のために使われたりするのです。洗濯をするのにも使いました。

家の近くの紅河は、中国から流れてきた川です。この川はとても重要な川です。水路を使って農業用水にするだけでなく、ハノイまで船を使ってさかのぼることもできるのです。昔とてもきれいな水が流れていて、ノン（農民が被る植物の葉で編んだ笠）でろ過して飲んだりもしました。洪水のシーズンになるとさまざまなものが流れてきました。私たちはよく木材や果物を拾いに行ったものです。

実家近くの野原で親類の子と遊ぶ若き日のヒエンさん。実家そのものが、美しい紅河デルタの自然に囲まれ、田園地帯の真っただ中にあった。1995年ごろ。（提供／ヒエンさん）

しかし近年、この川は大きく変化しました。まず、川の水が汚れてきたこと、水量が減ってしまったこと、そして、河川敷に工場が乱立するようになってきたことなどです。

ベトナムでは、レンガは主要な建築資材ですが、それを焼くための工場が私たちの家のすぐ近くの河川敷にできたのです。村の人たちは、立ち退きを要求し何とかレンガ工場の稼働を止めることができましたが、ドイモイ後はさまざまな環境問題に悩まされてきました。

――ドイモイは市場経済の導入や市場の開放を意味しますから、開発が進めば公害も生まれるでしょう。それに対する規制が後手後手になる高度成長期の日本みたいですね。

今では、私の田舎にも水道水が出るようになっています。そして、日本に来てからは、ベトナムの官僚や企業人が学ぶ水道事業に関する通訳も、たくさんしました。だから、きれいな水をいつでも飲めるのが大切なことであるのは理解していますが、昔はもっと身近にあった川や池の自然が、今では生活している人間から切り離され、だんだん遠くに行ってしまっているようにも感じます。

ドイモイの前と後で日本との関係も大きく変化しました。日本がベトナムと国交を樹立したのは、私が生まれた年と同じ1973年です。そして、私が医療短大に入った92年に、日本はベトナムに対する政府開発援助（ODA）を開始しました。以来、日本はベトナムに対する最大規模の援助国であり続けています。このベトナムと日本の関係の変化は、私の人生だけでなく、ドイモイ以降のベトナムの発展にも、とても大きな影響を与えました。

私は医療短大を卒業したら地元の病院で働きたかったのですが、卒業間近になって、日本政府の看護師養成プログラムが新たに開始されることがわかったので、応募してみました。成績だけでなく、健康状態や歯についてまで厳しくチェックされて、最終的に合格しました。

——ドイモイがなかったら日越交流は今のような形にならず、ヒエンさんも来日することはなかった、ということですね？

その通りです。その後、日本政府の奨学金を受け、ハノイにあった日本語学校で日本語を勉強し始めました。ひとりでハノイに出て、自分で家を探して生活しなければならなくなった。ハノイでは右も左もわからず、家を探すのは大変でした。

ドイモイ前のハノイ

ハノイはとても古い街なのでどこの家もボロボロで汚くて暗かった。それでも幸い、退役軍人夫妻所有の空き家を借りることができました。

初めて日本語を勉強した時には、すごくワクワクドキドキしました。現在の日本で多くのベトナム人が勉強している日本語学校と違って、毎日朝から晩までびっしりのスケジュールで厳しく日本語や英語の勉強をさせられました。それでもとても希望に燃えていました。毎月、日本の政府から２０００円ずつ支給されていましたが、生活するのが精いっぱいでした。

田舎と違って、食べ物も野菜も、石油ストーブの灯油もなんでも買わなければなりませんでした。食べ物も豚肉を買えることはほとんどなくて、毎日、ピーナツや豆腐と一緒にご飯を食べました。そして、家にはトイレがありませんでした。

当時は、何でも袋に入れて河川に流す習慣があったのです。私は隣の大家さんの家のトイレとお風呂を使わせてもらいました。そのトイレやお風呂の排水ももちろん直接、河川に流されたのです。ハノイの川は本当にすごく汚くて水がドロドロで真っ黒です。それでも私たちは時々、川辺に生えている野菜を取って食べたりしました。

日本語を勉強するのも大変でした。ドイモイ政策が実施される前のハノイでは、産業が発展しつつあったのに、電力の供給が追いつかず、インフラも古いため、時々停電になりました。また、家が川から近いので、蚊帳の中で勉強しないと蚊に刺され、病気になることもあったのです。当時、同居していた私の友人は、日曜日には一日中蚊帳から出てこない時もありました。それは、ご飯を食べなくてもいいように夕方まで寝てしまうという節約の方法でした。当時は、食べ物がほとんどなかったので、とても痩せました。

初めての東京生活

1年間の勉強を終えたあと、私たちは看護師試験の受験のために日本に行き、東京のオリンピックセンターや複数の場所で宿泊しながら受験のための特訓を受けました。

初めて東京に行った時に一番びっくりしたのは、部屋がとても小さかったことです。それから初めて雪を見て、ベトナムのテレビで見たことがある「おしんの国」に来たと感じましたので、とてもウキウキワクワクしました。スーパーに行くと、人間ではなくペットのためのご飯が売られているのを見て、心の底からびっくりしました。

私たちは日本へ来て精いっぱい頑張りましたが、あいにく誰も試験に合格しませんでした。

――その頃の日本はアジア各国からの看護師を受け入れる制度作りで試行錯誤していたとはいえ、ベトナムからの留学組が1人も合格できないというのは制度設計に問題があった、と言わざるを得ません。ベトナム人受験生の人生を何だと思っているのか。

私たちは皆、優秀ではなかったということでしょうかねえ?

日本からハノイに戻ったあとは、元の医療短大に戻って勉強することにしていました。しかし、当時は日本の企業がたくさん進出していた時期で、ベトナム各地に工場を作り、ベトナム人従業員を募集し育成していたのです。ホンダ・ベトナムで働かないかと、日本語の先生から声をかけられ、医療短大を中退し、月200ドル(当時の実勢レートで約3万円相当)でホンダで働くことにしました。

ホンダで働くようになってからは、お給料以外にも週末は観光ガイドをして謝金をもらったり、日本語をベトナム人に教えたり、ベトナム語を日本人に教えたりして副収入も入るようになりました。そのおかげで、母や父にも時々お礼をすることができるようになりました。亡くなった姉の2人の子どもにも学費を支援することができるようになりました。これもドイモイのおかげ、といえば、そう言えるかもしれません。

当時は、日本の家電製品やオートバイだけでなく、日本のドラマや漫画がブームになっており、日本語学校もたくさんできていました。また、日本の中古のエアコン、洗濯機、テレビ、冷蔵庫が、難民となって日本に行き、定住していたベトナム人によって、たくさんベトナムに運ばれてきていました。

日本だけでなく、さまざまな国がベトナムに投資し、合弁企業を作り、米ドルが使われるようになり、貴金属店で自由に両替できるようになったのです。

ドイモイの後、ベトナムは国際経済の枠組みに参入し、おカネやモノは豊かになりました。その中で、日本との関係が非常に重要な役割を果たしてきたのは間違いありません。

ドイモイ後、南部の市場にはかつてのように豊富な農産物があふれるようになった。2000年代、メコンデルタの中心都市・カントー市の朝市で。(撮影/石川文洋氏)

拝金主義に呑まれる

昔は誰かにお礼やお祝いをしたい時には、鶏や果物のような農産物を贈ることが多かった。作られたものをあげるにしても役所や会社で作ったカレンダーくらいのものでした。結婚式のお祝いには、生活に使う鏡やバケツなどもありました。ドイモイ以降、結婚式では、封筒に入れておカネを渡すことが次第に増え、金額も増えていきましたが、そもそも、ドイモイよりも前には、おカネの使い道がほとんどなかったのです。

現金収入があっても銀行に預金するということもなく、おカネは自分の家のどこか適当な場所に保管していました。しかし、ドイモイ以降、医療や教育などにおカネがかかるようになり、生活必需品以外のものを購入するようになると、次第におカネを使う機会が増えていきました。私もハノイに出てから、田舎にいた時とは比べものにならないほどのおカネを手に入れ、使い、そして、田舎にも送りました。このようにして、ベトナムは、次第に貨幣経済や市場経済に呑み込まれていったのです。

自然循環と伝統社会の再評価を

——経済政策の転換＝ドイモイが個々のベトナム人の生き方に大きな影響を与え、日越の市民交流も進み、ここでこうしてヒエンさんと私が出会って、話をしている遠因にもなっていることを知りました。一方で、ベトナムの辺境地域も貨幣経済やグローバリゼーションに巻き込まれ、拝金主義や環境破壊が進んでいる現状も学びました。

ドイモイ以降のベトナム社会の変化の中でもう一つ重要なことに土地の問題があります。ドイモイ前、ベトナムの土地は国のモノでした。今も原則、形式的にはそうですが（注：憲法の規定では全人民の所有による公共財）、人や会社はその使用権を所有、売買したり貸したりできるようになっています。

ドイモイが始まると、外からの投資を呼び込むために畑や田んぼは次々とつぶされ、道路などのインフラや工業団地に変わっていきました。

——ハノイ、ホーチミン（サイゴン）といった大都会周辺だけでなく、今やダナン、ホイアン、フエといった中部の中規模都市の近郊にも、新しい巨大工業団地が次々とできている現場を見てきました。外資もかなり入っているようです。

生産性の低い農地は放置され、村の若者たちは工場で働くようになったのです。それだけではなく、ゴルフ場やリゾート地の開発のため、森が壊されていきました。

はじける不動産バブル

不動産やインフラの整備に関する贈収賄事件が頻発するようになり、私がハノイに出てきた時にはすでに、土地やマンションの値段が高騰し始めていました。私は、日本人の友人が多かったので、日本が経験したバブルという言葉を知っていましたが、本当にバブルがはじける時が来ることは想像できませんでした。

さらにベトナム国内でも、多くのベトナム人が投機的な不動産売買をしていました。最近では不動産のカラ売りなどで多くの被害者が出ています。中国に続いてベトナムの不動産バブルもすでにはじけているのです。

——確かに「サイゴンスカイデッキ」(49階)から見るホーチミン市の姿は新宿の高層ビル街かと見紛う姿でしたが、その中には何年もテナントが全く入っていない高層ビルがあったり、ハノイ市内では新築したばかりなのに入居者が集まらず何年も募集を続けている高層マンションが目につきました。こうした光景は少なくとも、ホー・チ・ミン主席が理想にしていた社会とは違ったものでしょう。

もともとベトナム人は、植物と一緒に生きてきたと言っても過言ではなかったぐらい、昔はハノイにもサイゴンにも緑がたくさんありました。田舎ではなおさらで、タイビン省の私の実家でも、母が家の周辺でいろんな草花を育てていました。

前も言いましたように父は軍医でしたが、軍隊をやめてからは、故郷に近い公立病院で副院長をしていました。

当時のベトナムの医療には西洋医学と東洋医学の両系統があり、父は主に東洋医学の担当でした。そこで使われる薬は日本で言う漢方薬のようなもので、ベトナムでは食品としても使われる生の植物が原材料です。家の周りには多種多様な薬草などの植物が植えられており、そういうものや野生のものを採ってきて薬や食

（上）解放軍側のテト攻勢（1968 年旧正月）に続く5月攻勢の開始に対し、サイゴン政府軍がサイゴン川の向こうのマングローブ地帯の解放軍に照明弾を落としている。サイゴン中心部、マジェスティック・ホテルの横を流れるサイゴン川の向こうはマングローブの森だった。1968 年5月5日、サイゴン市中心部のマジェスティック・ホテルに近い日本大使館（現・日本総領事館）の屋上から
（下）上とほぼ同じ場所、マジェスティック・ホテルの屋上から同じ方向を撮影したもの。今ではサイゴン川の向こう側は高層ビルが立ち並んでいる。2019 年9月17 日。（いずれも撮影／石川文洋氏）

材にしていた。それはわが家だけでなく、一般家庭でふつうのことでした。

多くの食器は竹などの植物から作られましたし、農産物の入れ物も麻や竹などから作っていました。稲作でコメを収穫したあとの残りの藁《わら》も全部活用していました。藁は水牛のエサだけでなく、箒《ほうき》として、野菜を縛るひもとしても使いました。また、燃やして燃料として使われ、残った灰は農業のための重要な肥料となりました。農作物に水をやる際にも、機械のポンプではなくて、竹でできた水車や水撒き道具が使われました。

自然循環ないプラゴミ

ですが、ドイモイが始まると、これらの植物由来のモノは徐々にプラスチックの袋や道具、化学繊維の衣類、金属製の機械に変わっていったのです。植物とプラスチックの最大の違いは、自然に戻るか戻らないかです。
私の大阪の自宅では今でも、ベトナムの田舎と同じように植物のゴミや生ゴミは、小さな庭に埋めています。でも、プラスチックのゴミは〝資源回収〟の日にゴミ集積場に出さざるを得ません。プラスチックのゴミは回収されたあと、どうなっているのでしょうか？ 日本では、燃やして熱を取り出していたり、リサイクルして衣服などの繊維製品に加工されていると聞いています。
でも、その日本のプラゴミの多くが海外に輸出され、ベトナムはその主要輸入国として、その処理を引き受けてリサイクルしているのはご存じですか？（注：日本の廃プラスチックの輸出先はマレーシアに次ぎ第2位がベトナム）
そして、ベトナムで作られたプラスチックの製品がまた、日本に逆輸出されています。ドイモイ前にはほとんど見られなかったベトナムのプラスチック産業は、今ではＧＤＰ（国内総生産）の16パーセント以上を占めるようになり、農業よりも大きな規模になっています。

なぜ、私たちはこんな複雑なことをしなければならなくなったのか？　身近にある植物を使った薬、ノン（編み笠）、ざる、籠などの入れ物で十分役に立っていました。自然からとったものが自然に返る小さなわかりやすい循環があったのです。

植物にとって代わったプラスチックが、ベトナムと日本の間を行き来している様子は、ドイモイの後に起こった人間やモノに関する動きにとてもよく似ています。もしかしたら、こんなに大きくて、手間とエネルギーがかかる巨大なシステムは必要なかったのではないでしょうか？　最近ますます、そのように感じるのです。

――今回の取材旅行で気になったことは、たとえばホイアンのような地方都市では一般家庭が経営する民泊施設を利用したのですが、経営者の子どもたち（小学生）が休みの日などは一日中、スマホやパソコンでゲームばかりしていたことです。眼鏡をかけた小学生が多かったのも、20年前とは全く違う光景で驚きました。

ドイモイが始まって以降の急激な社会変化として、テレビとインターネットの普及があります。１９９０年代前半、農村部の各家庭にはまだテレビがありませんでした。情報伝達手段は、拡声器で放送される村内の有線放送かラジオでした。近くに映画館はありましたが、チケットを買っても座る椅子は自宅から持参で観なければならず、おまけに白黒でした。演劇やサーカスも人気があって、年に数回くらい村を回って上演していました。

――１９５０年代の日本の光景にそっくりです。

テレビは、村長さんや裕福な家庭にのみ置かれていて、近所の人が集まって一緒に見ていました。ベトナムの男性はサッカーが大好きでワールドカップの中継などは、たくさんの人が一緒に同じ部屋で観戦する。私がハノイに出てきた時も、農村部はそんな状態だったのですが、ハノイではすでにインターネットが使われ始めており、日系企業でもEメールなどを使う機会がありました。携帯電話もそのころには普及し始めており、最近では、ほとんどの人がスマホを持っています。

しかし、問題もあります。インターネットの情報には偽の情報がたくさん含まれており、自分で真偽を判断する必要があります。また、SNS（ソーシャル・ネットワーキング・サービス）にも個人が勝手に書いたデタラメの情報が氾濫しています。

――それはベトナムに限らず、今や世界的状況だと思います。

SNSで個々人が好きなコンテンツを別々に見るようになったので、田舎の一つの部屋にみんなで集まってテレビを、たとえばサッカーを見ていたような一体感は、今はありません。

海外にいる私にとって、インターネットやSNSは欠かせないものとなっています。仕事はもちろんですが、ベトナムにいる家族に好きな時に会うことができるからです。これは、本当にありがたいです。今も、カナダや東京にいる息子とスマホで連絡をとっています。でもいくら便利になっても、使い方は人次第です。人がお互いに関心をもつ心がなくなってしまえば、インターネットやスマホのような便利な機械も逆にストレスのもとになってしまいます。

機能しないリサイクル

私がタイビンの田舎からハノイに出てきた94年ごろ、ハノイの街はどこも自転車だらけでした。昔の国産自転車は、部品のネジもバラバラ。修理の時はネジが合わなかったりして、乗り心地もガタガタでしたが、自転車も服も家財道具も何でも修繕して長持ちさせていました。

生産されたり輸入されたりする商品が足りないし、そもそも普通の人はモノを買うための現金をあまり持っていないので、一度手に入れたモノはとても大事にしたのです。そして、みんなで一緒にいろいろなものを共有して使いました。

丈夫で長持ちする商品の人気は高く、コメの脱穀機や耕運機やポンプなどは、旧ソ連や旧東ドイツから中古のモノを輸入していましたが、頑丈でよく動きました。日本製の自転車やバイクも同じでした。小さいのに壊れにくく使いやすいのが日本製の商品の特徴でした。輸入された日本製の中古のママチャリは、なぜかミニと呼ばれていました。旧ソ連のモノに比べて、日本製のモノはコンパクトで小さい印象があったからでしょう。

ベトナムではドイモイ以前は、廃棄物のリデュース（削減）、リユース（再利用）、リサイクル（循環）のすべてが動いていました。問題は、人々が次第に大量生産・大量消費に慣れて、大量のゴミが出るようになったことです。そしてゴミの多くがそのまま自然界では循環しない素材のものに変化し、それを川に投棄したり、山や空き地に埋め立てたりしだした。

もともと廃棄物処理の十分なインフラ・設備がないままに、こんなことをしていたから環境汚染が悪化し、住民や働いている人たちの健康にもたくさんの被害が出ています。

私の田舎の近くには、繊維製品の「リサイクル」施設があり、日本の飲食店で使われているおしぼりもここに集められ、この村でウエス（ぼろ布、布切れ）として洗浄・漂白されます。この村の「産業」として成長し、この企業経営者は「お金持ち」＝資産家として、ホーチミン市に高層ビルを建ててこのビルのオーナー（所有者）にもなっています。

その一方で、漂白剤などの化学物質による環境汚染のせいで、この村では、これまでになかったがんの多発や疾病が増えている、との報告があります。

ほかに市場の対外開放や輸出用の商品作物の増産奨励で、コーヒー豆、カシューナッツ、シナモンなどの輸出量が近年、世界トップクラスにまで急成長していますが、こうした作物の生産には農薬も大量に使われます。さらには輸出用の水産物の養殖のために使われる化学薬品。そして、食品を加工する過程で使われる添加物などの健康影響が心配されています。

――日本が第2次大戦後の高度成長期後半の70年代に「公害列島」と称された情況と同じですね。日本は「公害対策の先進国」として法規制などの分野でもっとベトナムに協力すべきですね。

技術の進歩は、ドイモイがベトナムにもたらした恩恵の一つでしょう。先進各国との技術交流による医療技術の進歩のおかげで多くの命が救われたとは思います。しかし、技術だけの進歩は必ずしも人々に幸福や恩恵をもたらしません。

ここまで80年代から90年代、私が自分で経験したことを通して、ドイモイによって起こったことについての質問に答えてきました。私がタイビン省の田舎からナムディン省の大学を経てハノイに出てきた90年代半ば、ドイモイによって始められた経済の自由化や日本を筆頭とする西側諸国との交流は、急速に加速しつつありました。

おカネなどほとんど持ったことのなかった私が、ハノイに出てきてから家族の中でも最も高収入を得るようになりました。経済発展の流れに知らず知らずのうちに乗ることのできた私は確かに幸運だったとも言えます。

サイゴン市内には戦争中からオートバイが多かったが、ドイモイで進出企業も増え、通勤用オートバイが急増した。2005年5月、ホーチミン市内で。（撮影／石川文洋氏）

経済成長優先の弊害

しかし、今から考えると私もベトナムという国も、いろいろなことが見えないまま前に向いて突っ走ってきたと思います。

――結局、ドイモイへの批判としてヒエンさんが指摘されているのは、生産力第一主義の弊害なのでしょうか？

そうですねえ。一番気になるのは、先ほど述べたように環境のことです。ベトナムは自分の国の環境を守るための技術やインフラの準備が十分にできていなかった。二つ目はおカネやモノをたくさん作り、消費することだけを考えてきたこと。そのために、モノの価値は混乱し、バブルと言える問題も起こり、人々の格差は拡大し、多くの人が被害を受けました。

三つ目は、家族の在り方です。多くの兄弟姉妹が貧しくても分かち合い、協力し合いながら成長する家族の美徳が少なくとも私の家族には生きていました。父母の教えときょうだいたちとの絆は、今でもベトナムから遠く離れて暮らす私の支えになっています。

私は日本に長く住んでいるため、ベトナムの家族がどのように変わったか、今の姿を具体的に観察する機会はありません。ただ、新型コロナのパンデミックがホーチミン市でひどくなった時に、多くの人々が支援を得られないホーチミン市を捨てて、家族や親族を頼って中部や北部の故郷を目指した現象が起きたことは非常に印象的です。経済的に発展した大都市に暮らす人々にとっても、心の拠りどころは田舎の家族と自然だったのではないでしょうか。

――日越両国の架け橋となるような司法通訳の仕事に従事してきたヒエンさんだからこそ、見えてくるものもあると思います。

私はこの20年間、司法通訳として、将来あるベトナムの若者たちが来日してこの国で罪を犯し、刑を執行されたり、強制送還されたりしてきた例を何百と見てきました。そして、ますます私は超忙しくなっているのですが、それは私が優秀だからではなく同胞の犯罪が増えているということにほかならず、複雑な気持ちでとても喜べません。

人をモノ扱いする思想

確かに罪を犯した者が悪いのですが、今の技能実習制度や日本語留学の制度に関わっている日越双方の人たちには、私がハノイで出会った日本人のような熱心さと細やかな気遣いはなく、ただ、労働力としての商品を横流ししているようにしか見えないのです。使い捨ての労働力として人をモノ扱いする思想が支配している。

企業が外国人を雇う、ということは当然、人材育成をするということです。人間として取り扱う、ということですよ。

それなのに、良き人材を育てるどころか、今の日越社会の両側には、日本人とベトナム人の双方で構築してしまった「黒い裏社会」ができてしまっている。少しでも道を外れたら、その者をそのまま受けいれてくれるように見えるが、その後もさらに搾取していく闇ブローカー＝ヤクザのような違法な社会が存在しているのです。
そして多くのベトナムの若者が日本にやって来て、道を踏み外します。彼らは日本に稼ぎにやって来ていると言いますが、借金などを考えるとそんなに儲かってもいません。

――それもドイモイと関係があるのでしょうか？

そこまでは言っていませんが、無関係ではないでしょう。私のまわりにドイモイについて否定的な意見を持っている人は、ほとんどいません。私も、ドイモイを導入したことはよかったのだろうとは思います。ただ今になってみると、もう少し準備や修正をした方が、もっと人間が幸せになれるような未来を築くこともできたのではないかと考えているのです。

――進出した日系企業も含めた労働環境について聞きます。女性差別はありましたか？　ベトナム戦争では、闘いは基本的に平等に担っていましたよね。

ドイモイ後に進出した日系企業でも、給与などの労働条件では男女差別はなかったですね。地方出身者に対する「田舎者差別」の方が強かったです。

しかし日系企業では、単身赴任してきた男性がベトナム人女性を愛人にしたり、「現地妻」にしたり、カラオケで女性を取り合って刃傷沙汰などの刑事事件になった例はたくさんありましたが、ベトナム人女性もおカネがもらえるからと迎合する人がいたのも事実です。

でも、女性差別というなら日本社会の方がはるかに女性差別社会ですよね。週刊誌にいっぱい女性の裸を載せて、そうしたヌード写真の氾濫に日本人はよく平気でいられますね。ベトナム人は概してそういうものは嫌いですね。ベトナムでは政府が徹底的に取り締まりますから。

――アメリカや日本などの先進資本主義国では、ソフトなヌード写真ぐらいまでは「表現の自由」として認

め、それを取り締まることは「自由のない共産主義政権による検閲だ」などと批判する人もいます。日本の官憲はヘアヌードまで許容しています。ベトナムの場合、ドイモイも経済面が中心で、国民の間からは「ヌード写真の自由化」などを求める声は、あまり表に出てこないようですね。

確かにタイでもフィリピンでもシンガポールでも、街中にヌード写真はあふれていますが、それがいいことでしょうか？　ポルノ写真などは犯罪を誘発するし……。ベトナムに表現の自由がない、とか実態を知らない外国人がよく言いますが、街を歩けばわかりますよね。みんな政府や政権の悪口は自由に言っているし、商売も路上で自由にやっているし……。

——やはり最後にくるのは、共産主義や社会主義とは何か、という質問です。私自身、中国や旧ソ連、朝鮮民主主義人民共和国（北朝鮮）、スリランカ、東欧やアフリカなどの〝社会主義〟国を現地で見てきましたが、濃淡はあれ共通点もありました。しかし、ベトナムはどの国とも違います。今回の取材旅行でも「ベトナムは政治は社会主義、経済は資本主義」と皮肉る市民も少なくなかったが、そんな単純なものでもない。ヒエンさん個人にとって社会主義とは何を意味していますか？

私は共産党員の家に生まれましたが、私自身は党員ではなく、青年団組織で社会主義理論を体系的に学んでもいないし、よくわかりません。兄弟姉妹には党員が多いですが……。

——旧ソ連が崩壊してロシアとなり、中国がますます覇権色を強める中で、中ロの現体制を批判する日本共産党にとってベトナム共産党は大切な友党のようですが、比べてみてどうでしょうか？

日本共産党のことをよく知らないので答えようがありません。

「日本は米国の植民地」

あえて言えば日本の共産党はベトナム共産党と違い、日本の社会の中では右翼から、すごく攻撃されていますよね。自らを守らねばならないから結束も固いのではないでしょうか。

それに日本共産党は政権など取る必要はないでしょう。と言うか、ここまで頑張ってやってきたのだから。ベトナムの場合は抗仏、抗米戦争を勝利に導いたという必然性がありましたから。日本はアメリカの同盟国だなんて言っていますが、実態はアメリカの植民地ですよね。

日本がベトナムを軍事占領していた１９４５年春、コメの供出政策や失政で、特にタイビン省の私の故郷の村では大飢饉も重なって多くの餓死者が出た。ホー・チ・ミン主席や私の父のように侵略と闘ってくれた人がいなければ、祖国は日仏米中のどこかの植民地であり続けていたでしょう。恐ろしい話です。

ベトナムの民主主義だって完全なものではありませんが、アメリカの言いなりの日本と違って女性の尊厳、人としての尊厳が認められた社会です。だから日本に出稼ぎに来ているベトナム人も多くはやがて帰国していく。私が日本国籍を取らない、帰化なんかしない理由もそれですよ。私も将来は祖国に帰りたいですよ。

——**ありがとうございました。**

これはあくまで日越の架け橋的存在のひとりの在日ベトナム人の見方だ。次章ではベトナムにとっての、そしてベトナム人にとっての社会主義とは何か、を考えていきたい。

10

ベトナム人民にとって「社会主義」とは何だったのか？

古田元夫・日越大学学長との対話

東南アジアの小国が世界最大の軍事大国になぜ勝利できたのか？　本多勝一がベトナム戦争ルポルタージュで自らに課してきた問いでもあった。抗米戦争を主導したのはベトナム共産党（労働党）には違いなかったが、これまで見てきたように、闘いを担った民衆の多くは決して共産主義・社会主義の強固な信奉者ではなく、愛する家族や恋人とともにただただ「人間らしく生きたい」と願っていた。それは愛郷心＝共同体への愛と言ってもいいかもしれない。半世紀余をベトナム研究に捧げてきた碩学、古田元夫・日越大学学長に、キャンパスのあるハノイで話を聞いた。

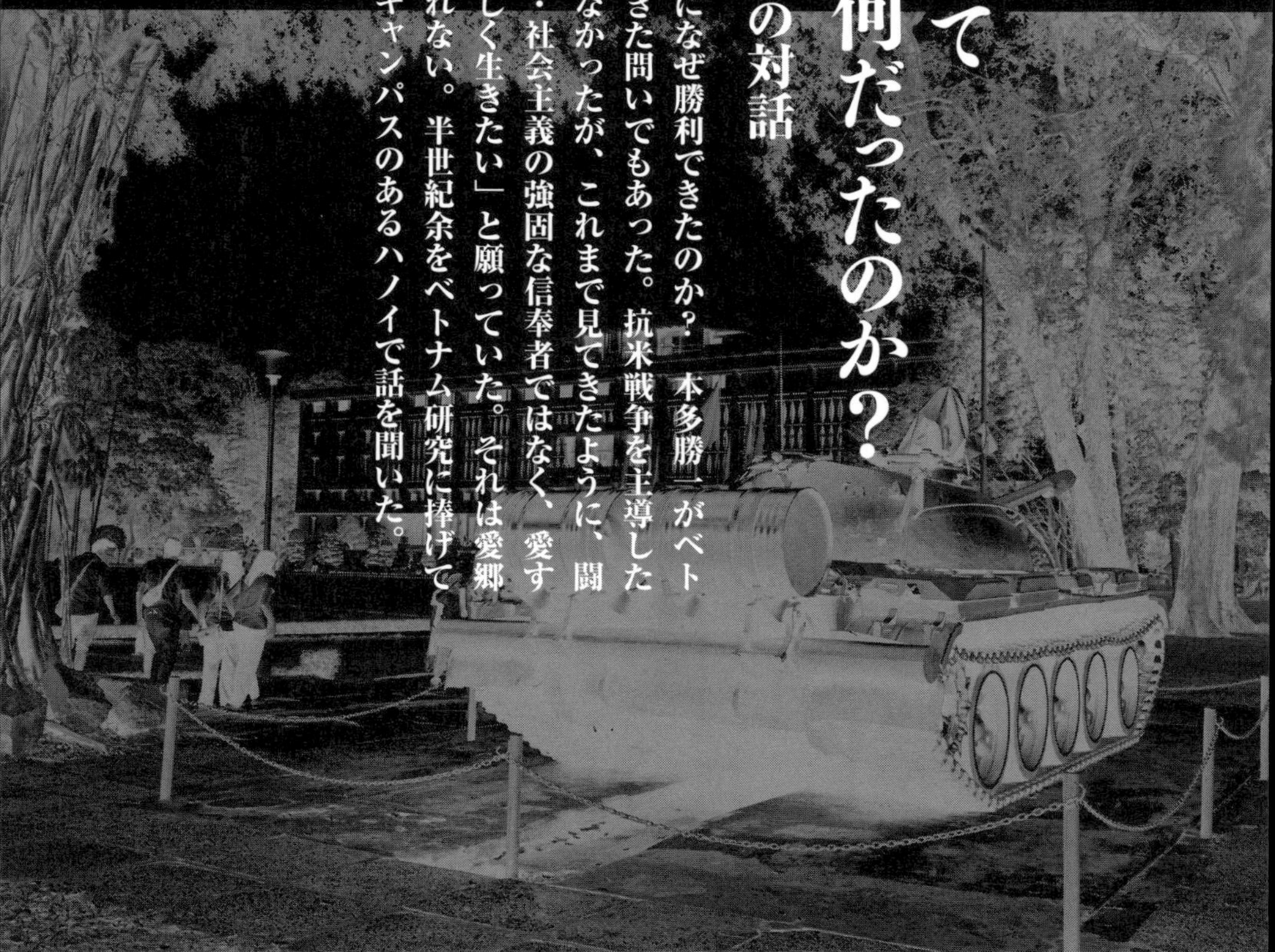

――1カ月前にハノイを出発し、再びここに戻るベトナム縦断往復の取材でした。侵略者に対してベトナム人民がいかに一丸となって闘ってきたかや、戦争の本質が民族自決の社会革命だったことはよくわかりました。しかし同時に、彼ら彼女らを突き動かしていたものは決してイデオロギーではなかったとも強く感じました。今のベトナムが国として掲げている社会主義は、ベトナム人民がめざしてきたものなのでしょうか？

ベトナム人個々の心の支えになっている「社会主義」がどのようなものかということと、制度としての社会主義が戦争や国づくりの過程でどういう役割を果たしてきたのかは切り離して考えるべきで、次元が違う話だと私は考えています。

家族・共同体の支え

マルクス・レーニン主義や社会主義の理念を心の支えにしていたかどうかという視点から言うと、たとえば戦前の日本共産党員で、治安維持法などで引っ張られて、長く獄中にいても非転向を貫いた人たちの場合は、そういう理念が果たした役割はかなり大きいと思います。

しかし、ベトナム人の場合はある意味でもっと現実的な、家族の中での人間関係とか、両親がどういう人だったかとか、近所の人や自分が暮らす村がどういう共同体だったのかとか、そういうことに支えられている面が多いと考えます。

前者のように、強い理念を確信している場合ですと、その確信がどこか一角、たとえば理屈で崩れると、弱い面が出てくることもあり得る。が、後者のような具体的な人間関係や社会関係の中で培われた信念ですと、揺らぎようがないわけではないけれども、竹みたいにしなやかで、めったに折れない強さを持つのだろうと思います。

ふるた　もとお・1949年、東京都生まれ。歴史学者（ベトナム近現代史）。東京大学名誉教授。日本ベトナム友好協会会長。東大大学院社会学研究科を経てハノイのベトナム貿易大学講師、東大教授・副学長などを歴任。2016年から日越大学（ハノイ）学長。『歴史としてのベトナム戦争』『ベトナム人共産主義者の民族政策史』（ともに大月書店）など著書多数。

制度という面から説明しますと、あのベトナム戦争は北部が社会主義でなかったら勝てなかったと私は考えています。簡単に言うと、あの戦場にあれだけの若者を投入できた社会の仕組みは、あの社会主義の体制でないとできなかったということです。果たしてそれが理想的な社会と言えるかどうかは、また別の問題ですが……。

いろいろな見解はあるでしょう。少なくとも経済的に見ると、あまり合理的なシステムではなかったと思うのですが、やはり戦時体制を支える基盤としては非常に有効だったのです。

――いま2段階で説明してくださったんですが、たとえば自分の家族や村落共同体への愛郷心、それが愛国心まで広がるのもわかります。日本では「愛国」というと今や右翼の用語になり果てたけれど、自分の庭に侵入してきて家族や友人を殺した者に対して抵抗して追い出す、その苛酷さ、強烈さがベトナム共産党への支持の強さにつながっているのでしょうか。特にメコンデルタの抵抗や有機的な組織の強さには、ベトミン（ベトナム独立同盟）の時代から目を見張るものがありますね。

ホーチミン(旧サイゴン)市の旧大統領官邸(=統一会堂。かつて独立宮殿とも呼ばれた)の前庭に展示された人民解放軍のT−54戦車。サイゴン解放時にここに突入した戦車と同型だが、同じものではない。

私はメコンデルタの社会については、ちょっとイメージしにくい部分もあるのですが、おっしゃる通り1930年代の後半から40年までは、当時のインドシナ共産党(ベトナム共産党の前身)の最大の拠点は南部にありましたし、それから抗仏戦争以降、もうメコンデルタのある地域というのは、強固な抵抗基盤になりましたし、ベトミンや解放戦線の拠点であり続けましたよね。

あれを支えたエートス(精神的支柱)というのが、どういうものだったか、というのは興味深い課題です。

——1940年のメコンデルタでのナムキー蜂起は、共産党中央は時期尚早との判断なのに、逆に南の現場判断で決起したのではないでしょうか?

南の共産党組織って結構、勝手なことをやってましたよね。自由奔放というか、共産党中央委員会でレ・ズアンが書記局で仕切っていたころも、相当勝手なことをやってます(50～70年代)。そういう意味では南の党組織が党中央の組織の中にがっちり組み込まれたのは、つい最近なのかなと言えなくもないんです。

——ベトナムの共産主義運動の地域自律性というか中央集権ではないところに魅力を感じます。具体的に質問させていただきます。ホー・チ・ミン主席はベトナムを多民族国家と規定。山岳・少数民族を尊重し、実際にベトナム戦争で彼ら彼女らは大きな役割を果たしました。なのに政権は解放後は、少数民族に対しても社会主義的土地政策を一律適用し、多数派のキン族を少数民族地域に植民したりしたために、少数民族は貧困化・困窮化しました。今のハノイ政権は民族政策を誤ったのではないでしょうか？

ベトナムで少数民族は人口比で言えば12％ぐらいです。この少数民族の存在というのがベトナム共産党にとって人口比よりもはるかに重要だったのは、ベトナムの歴史が戦争の歴史だったからですね。

第2次世界大戦終結時の8月革命の時の中国との国境地帯、抗仏戦争時のディエンビエンフー、抗米戦争時の中部高原……ベトナム現代史の重要な転換点において山岳地帯のもつ戦略的な意味が非常に大きくなる。それが、ベトナム共産党が少数民族に注意を払わざるを得なかった大きな要因になってくるわけです。

少数民族の地位の皮肉

そういう意味で少数民族の地位が相対的に下がっているのは、ベトナムが「平和」になったからです。しかも今や、少数民族の文化の尊重というのは、国際的な課題でもありますね。「多様な民族文化」と称しているものも、かなり商業化されてしまいました。

少数民族の人々の普段の生活というのは、キン族の生活習慣への同化がものすごい勢いで進んでいるわけです。当然、昔とは明らかに違っています。

他の国と比べても仕方がありませんが、ベトナムの少数民族政策はそれでも中国よりはマシかなとは思います。見る人から見たら、非常にいろんな問題があることは間違いない事実だとは思いますが……。

——確かに日本のアイヌや北方少数民族、琉球民族への差別政策などを考えるとはるかにマシですね。ただ、私も新聞記者時代に北海道で暮らして、ラジカルなアイヌから学んだことは、天皇制や商業主義に同化していく同胞を「観光アイヌ」などと呼ぶ、厳しい批判です。民族問題は階級闘争で止揚されるという社会主義の俗論的解釈もあるようですが、ベトナムでも少数民族はもっと人口が多かったのが、多数派キン族の拡大政策で人口減となり、貧困化してきたのだから、もっと大事にしないといけないのでは？

そうですね。ただ、たとえば少数民族の言語や文字という文化も、ごく少数の例外的なケースを除けば、今や少数民族の人たち自身が放棄している、あまり顧みなくなっているんです。民族衣装にしても外国人に見せる時だけ着るみたいな感じになっている。

そんな状況下で、多数民族のキン族と少数民族との関係をどう再構築していったらいいのかという話は、それこそ共産党が結成された時から繰り返し提起されている課題でもあります。ただし、この議論は今もって言葉の上では続いているけれども同化などで実態は大きく変わってきているので、そこをどういうふうに調整していくのかは難しい問題です。

幸いなことにと言うべきなんですが、少数民族の尊重を訴える知識人としては、本田さんが中部ホイアンでインタビューされてきた作家のグエン・ゴックさんみたいな方がおられますし、少数民族出身の民族学者でそれなりにしっかりした方もまだおられます。そのことに気がつくベトナム人の若い方も出てきています。

――1970年ごろから90年代以降にかけて本多勝一が書いたルポルタージュや評論などを比べながら読み返してみますと、当時のソ連や中国も含めてあるべき社会主義を実現した国はどこもないことは前提として、75年の解放・独立後のベトナムも、ジャーナリストとして報道の自由、取材の自由を標榜する立場からは、制限ばっかりでダメだ、取材先に役人がついてきて戦争中より不自由になっていると厳しく批判しています。それでも彼は、社会主義を掲げたベトナムに希望と期待を抱いていました。解放後の政権が取った政策はドイモイも含めソ連型とも中国型とも全然違うようですが、ベトナムの社会主義は独特なものなのでしょう

か？　市場経済の導入で新自由主義にも侵され、官僚主義や汚職の弊害も目立ちます。

ベトナム自身が自前の社会主義のモデルを考えるようになったのはそんなに古いことではありません。80年代半ばにドイモイが始まってからせいぜい三十数年、40年にならない話です。抗戦へのソ連・中国の支援を確保する代わりに、自らを「社会主義陣営の東南アジアにおける前哨」と位置づけ、社会主義という人類共通の普遍的理念を体現する「普遍国家」となっていった。ある時期までは「中国型のモデル」もソ連の「普遍的モデル」だと言っていましたから。ざっくりと言えば、基本的には30年代のソ連で原型が作られた社会主義モデルに、ベトナムも従っていたことになります。

自前の社会主義を模索

ドイモイに踏み切って、それまで普遍的だとされていたソ連型モデルと言ってもいいものから意識的に離れる。ベトナムに見合った社会主義を模索し始めたんですが、その一方で、社会の実態は、市場経済原理の導入で、資本主義的な要素がどっと入ってきた。

ある意味では、今のベトナムの実情は日本よりも資本主義的な要素がいっぱいあるわけですね。それを取り上げれば、ベトナムが社会主義を名乗っている意味はどこにあるのかと疑問に思うようなところは随所にあると

訪中前、見送りにきた人たちに手を振るレ・ズアン労働党第1書記。1973年6月、ハノイのジャラム（ザーラム）空港で。（撮影／石川文洋氏）

ベトナムの社会・共産主義に関連した主な出来事

1917年		ロシア革命（2月革命、10月革命）
1919年		ホー・チ・ミン、フランス社会党に参加
1920年		ホー、仏社会党のコミンテルン（世界共産主義革命推進組織）加盟を支持する中で仏共産党の結成にも参加
1930年		ホー、ベトナム共産党結成。その後、インドシナ共産党に改称
1940年	11月	メコンデルタでナムキー蜂起
1941年	5月	ホーらベトミン（ベトナム独立同盟）を結成
1949年	10月	中華人民共和国（中国）成立
1960年	12月	統一戦線組織・南ベトナム解放民族戦線（NLF）結成
1975年	4月	サイゴン陥落、ベトナム戦争終結
1976年	12月	ベトナム労働党、再びベトナム共産党に改称
1978年	12月	ベトナム軍、カンボジアに侵攻
1979年	2月	中国人民解放軍、ベトナムに侵攻し、中越戦争勃発
1986年	12月	ベトナム共産党、ドイモイを提唱
1995年	7月	ベトナム、ASEAN（東南アジア諸国連合）に加盟

言っていいとは思います。

　ただ、ソ連・東欧の社会主義体制が崩壊して、私は改めて思ったんですが、人類にとって理想的な社会というのは、そんな一朝一夕にできるものではないんですね。以前はよく「社会主義への過渡期」とか言われました。過渡期が10年なのか20年なのか、また100年なのか、いろんな議論がありましたが、おそらく100年の期間が必要な理想社会をそもそも社会主義と呼ぶかどうか自体、問題なのですが、そう簡単な話ではないとは思うんですね。

　そういう意味で、じゃあベトナムが「社会主義共和国」を名乗る意味がまるでないのかというと、それはそんなことはないと考えます。たとえばですが、貧困の削減とか、ここ20年で見ると農村と都市の格差はわずかですが縮まっているのです。後者はまだ、これが一時的傾向なのか、長期的に評価していい傾向なのかわからないところはありますが。

　ここ数年は新型コロナ蔓延の影響で、都市部の経済活動・経済成長が落ち込んだことが作用していますので余計目立つのかもしれないんですが、ただそれは個人やさまざまな家庭の収入など、統計上の数値が示しています。そういう意味では社会主義という看板を外しちゃったベトナムを想定すると、まだ看板が掛かっている分マシだという考え方もあると思っています。

実は私はもっと極端な議論をしていて、かつて「社会民主主義」というのは先進資本主義国で余裕がある国がそういうことをやれると思っていた。けれど現代ベトナムは、もともと第三世界の貧しい国だったところで、そういう社会民主主義をつくろうとしているのだと考え、だから困難なんだという解釈をしていました。こんなことを言うと、ベトナム共産党の人に怒られますけれども。

美化すべきではない

そう考えれば、社会主義だから素晴らしくあらねばならないのに、今のベトナムはなんだっていう議論の仕方は、あんまり賛成できないということになるわけです。

――よくわかりました。私は差別や搾取のない社会をめざすのが社会主義の理念だと単純に考えていましたが、今おっしゃったことを政治体制と経済体制の二つの面から分けて見てみますと、これはもう日本の右寄りの人がみんな言うんですが、政治面ではベトナムはかつてのソ連や中国と一緒で共産党の一党独裁じゃないかと。ちゃんと複数政党を認めて初めて民主主義だと……。政府に対しても是々非々でものを言う作家のグエン・ゴックさんも、欧米はブルジョア市民革命を経ているから、基本的人権の観点から社会主義も相対的に批判できると指摘されました。中ソもそうですが、農業国から市民社会の成熟なしにいきなり革命を起こして社会主義になる。ベトナムの場合も同様に抗米戦争は農民革命でもあったわけですが……。

そうですね。しかし、複数政党制をとっているか否かで民主主義かそうでないかと決める、というか判断しちゃうのはちょっと単純過ぎます。『朝日新聞』も最近は社説や特派員の報告などでそういう主張をして

侵略者である米仏との戦争は、民族自決の新しい社会（国家）をつくっていく社会主義革命でもあった。その闘いの中核を担ったのは人民軍・解放軍だった。海外観光客専門の土産物店に行くとベトナムの特産品コーヒー豆も、こんなパッケージで売られている。パッケージに書いてあるのは「ルールを守り勝利の道を拓く」という標語。

いますね。ただし僕は、一党独裁で何が悪いんだっていうことを言うつもりではなく、その社会が民主化の方向に向かっているのかどうかということを、ちゃんと見極めなきゃいけないというふうに思っているのです。

その点で言うと、少なくとも私自身の観察だとベトナムの歩みはジグザグだと思うんです。あるときはかなり民主化の方へ行くように見えたときもあるし、やっぱりちょっと後退してるかなと思うこともありますし……。たとえば確実に言えることは、国会の権限は今のベトナムでは相当強くなっています。

国会議員の構成を見ていても共産党以外の非政党員や無所属のかなり多様な人が一気に出てきて存在感を出したり、そういう人がだんだん外されていった時期に見えることもあります。

――ベトナムが社会主義を名乗るのは歴史の中から必然的に出てきたもので、たとえば一党独裁についても表面的に批判するのではなく、歴史が跛行《はこう》的、つまりジグザグに発展することを理解するならば、民主主義を目指す方向になっているかどうかを見極め批判すべきだということですね。

面白い例があります。ここベトナムでは、ＳＮＳにはもちろん規制はあるのですが、外国のGoogleやFacebook（ＦＢ）はそのまま使えますし、しかもそれが日本以上に人々のコミュニケーション手段になっています。大学の学生募集も、今やＦＢが主力です。いや、もうＦＢも時代遅れになりつつあるくらいです。

日越大学もそうです。僕はメールですらベトナム人がベトナム語で送ってくるものに十分対応しきれていないのに、FBなんかやったらどうなるかと思い、一応入ってはいるんですが、ほとんど使いこなせていません。が、こうしたSNSは日本よりベトナムの方がはるかに普及し、先を行っていますね。

――しかし、そうしたソーシャルメディアを活用して政府を批判した活動家や独立系メディアのジャーナリストが次々と逮捕されたり、政府の許可なく出版社を立ち上げることができなかったり、政府批判の出版物を出せないという訴えもあり、報道の自由度ランキングも低いままです。

確かに体制批判にある種の制約があるのは間違いない事実かなとは思うんですが、今の共産党の支配を基本的には悪だと考えて、究極的にはそれを倒したいと思ってやってるタイプの活動家と、作家のグエン・ゴックさんのように今の共産党の政策には賛成しかねるけれども別に共産党を打倒しようと思っているわけではない人たちがいます。ある意味では後者の言論人まで逮捕・拘禁されたり、ものが言えなくなったりしたら、危ないとは思います。ベトナムがそういう国になる可能性は、今までのベトナムの歴史をふりかえれば、そうはなりにくいのではないかとは思います。

共有された良識の統治

しかし、もちろんベトナム社会は欧米のような全くの自由社会ではない以上、その社会で共有されている良識の枠組みの中でないと、共産党も統治ができないみたいなところがあります。その枠組みというのは当然、歴史的な背景から言って日本とも違うわけです。

ベトナム戦争後の社会でも、最近まではグエン・ゴックさんのような方々をそのメンバーとする知識人社会みたいなものがあって、チェック・アンド・バランス的な監視的・ご意見番的な役割を果たしてきた。今のベトナムでは、そういう意味では古いタイプの知識人が尊重される社会から、もっと専門化した、テクノクラートが重視される、細分化された社会になってしまいました。

——私はここに同席されている元『赤旗』ハノイ特派員の鈴木勝比古さんの紹介と通訳でグエン・ゴックさんに長いインタビューをさせていただき、深い感銘を受けました。一流大学で社会主義理論を学んだ党エリートではなく、軍人として戦場で山岳・少数民族とともに闘いつつ交流し、辺境の民から学んできた人格者です。しかも各民族に伝わる詩や口承文学、民族の楽器や民謡などの音楽……つまり芸術への深い理解が、彼の少数民族への敬意や洞察につながっていることを確信できました。ハノイ政権への苦言も提言もそんな生き方から出てきたもので、柔軟でしなやかです。彼こそ、社会が必要とする本物のインテリでしょう。

ところが、その社会層としてのインテリが果たす役割が、今のベトナム社会では少し変わってきていると思うんです。そういう社会に変化していく時に、いま私が言ったような、ある種の「良識の規制力」が働き続ける余地はあるのか。そういうものはなくなっていくのか？　ちょっと心配しています。

——もう一つ懸念があります。日本でも広島、長崎の被爆者がどんどん高齢化して亡くなっていくように、戦争体験が次世代に伝わらない。比較的新しいベトナム戦争も75年の解放、終結ですから、今や第2、第3世代の時代です。米国になぜ勝てたかということも含めて民族の戦争体験の成果は次世代に伝わっているんでしょうか？　ソンミ博物館長らはちゃんと教育していますと言明していますし、日本よりはまともな歴史教育をしているとは思いますが、そこはどうなのでしょうか？

歴史教育の役割は大きいと思います。ただ今のベトナムの歴史教育は、少なくともここで学生らと接している限りの印象では、あまりうまくいってるとは言い難い。歴史なんか勉強したくないと思っている中学生、高校生が多い。どこの国にも共通する課題ではありますが……。

歴史教育の固有の困難

それからちょっと言いにくい話ではありますが、ベトナム戦争は共産党の中でも二つの、かなり色合いの違う考え方が交互にリーダーシップを取りながら75年の解放にたどり着いたという面がある。この二つの立場によって、たとえば米軍を追い詰めていく68年1月末のテト（旧正月）攻勢への評価も違うし、75年の最後の攻撃＝ホー・チ・ミン作戦の評価も違う、という問題があるんですが、それは一応そういう違いがあったことを棚に上げた形で公的な総括が出されています。ベトナムの古い時代の歴史ですと、かなり自由に論争ができるんですけれど、ベトナム共産党が登場してから後の歴史は、あまり論争しちゃいけないことになっている。

そうなると、共産党が出している公式の見解を正しく理解するのが歴史教育の役割になっちゃって。近現代史が面白くもなんともないようになっちゃうんですよね。

11

「貧しさを分かちあう社会主義」から「豊かになれる者から豊かになる」へ

ベトナム式「社会主義」の模索

ベトナム戦争の現場で戦場ルポルタージュの典型を確立したジャーナリスト本多勝一の背中を追ってきた旅も最終章となる。アジアの小国が軍事大国アメリカを撃退できたのはなぜか——そんな疑問から始まった取材ではあったが、前章のハノイでの「古田元夫教授との対話」で指摘されたように、ベトナムにとっては「社会主義に支えられた戦争だったからこそ勝てた」のはその通りだろう。ならば私の旅もまた、戦後も継続してベトナム民衆が選び取り、模索してきた「社会主義」の具体的な中身を問うものになるのは必然だった。

1973年3月のニクソン米大統領の戦争終結宣言後、疎開先からハノイに戻ってきた幼児たち。前の子の服の端をつかんで懸命についていく姿は日本の園児と同じだが、このうち何人の子の親が生きて、家で待っていてくれたのだろうか？　ベトナム戦争では300万人が死んだ。今、ガザの子どもたちには、この光景さえない。（撮影／石川文洋氏）

今回の旅を通し、筆者が現地の当事者たちから学んだことをひとことで言えば次の通りだ。

ベトナム戦争がアメリカの侵略に対する抵抗と民族独立のための戦争であり、反帝国主義・反植民地主義の闘いだったことは間違いない。確かにホー・チ・ミンという〝指導者〟がいなければ、そして彼が「共産主義者」でなければ、こうした形の戦争も、こうした結末もあり得なかっただろう。が、この戦争を「ホーが指導した」という言い方も、この戦争が「ホーの思想によって支えられた」という表現も、私はしない。

日本国はアジア太平洋戦争を自らの政治的決断で始め、敗北した。私は「天皇に戦争責任があるのは当然」との立場を堅持しつつ、この戦争を「天皇が指導した」とは言わないし、「天皇によって支えられた」と表現しないのと同様だ。

反戦や兵役忌避・拒否を貫いた日本共産党員や一部の共産主義者・無政府主義者らを除き、あのアジア侵略戦争は〝国民〟が支えたという事実を曖昧にすまいとの決意もある。が、そんな裏返しの内在的理由からだけではなく、あの壮絶なベトナム「人民」戦争の構造を見れば、一人のカリスマのイデオロギーや一人の英雄の指導で貫徹できるものではないのは明らかだ。

ホー・チ・ミンとは誰か

ベトナムは二つの帝国、フランスとアメリカに勝利し、民族独立と祖国統一を果たした。9章で在日ベトナム人のチャン・ティ・ヒエンから「日本は今もアメリカの植民地」と批判され恥ずかしかったが、今のベトナムに外国の軍事基地などはない。闘いを担う人々がめざす社会の姿や国のかたちは、闘いの過程でこそ鮮やかに見えてくるものだ。

ホー・チ・ミンはマルクス、レーニンのような「思想」の創始者でもなければ、毛沢東や他のいかなる「社会主義諸国のリーダー」たちとも似ていない。人々が今なお、「Bác Hồ」(バック・ホー＝ホーおじさん)と愛称で呼ぶように、「個人崇拝」や「神格化」からは程遠く、古田元夫・日越大学長は民衆のホーへの感情を、「崇拝」よりも「共感」だと分析する。

ベトナム人民はホーを神格化していないとの言い方に対しては、レーニンや金日成と同様にホーの遺体を保存・展示するハノイの「ホーチミン廟」の存在や、「ホー主席の肖像画」が全国各地の公共施設に掲げられていることなどを挙げて反論する人がいるかもしれない。

が、それは彼の意志でも遺志でもなく、日本も含めて凡百のふつうの国々、数多の社会・組織にも存在する、政治リーダーの偶像化であり、ネーション(民族国家)におけるナショナルな物語＝〝神話〟づくりの一環だ。「自由の帝国」アメリカ合州国各地にある「リンカーン像」や、「マーチン・ルーサー・キング」通りの命名のようなものだ。

ホー・チ・ミンの肖像を背景にしたベトナム共産党理論評議会のタ・ゴック・タン副議長（70歳）。右は通訳の鈴木勝比古氏。「農民から強い支持と信頼を得られたからこそ党は苦難の闘いを勝ち抜けた。女性があらゆる闘いに平等に参加してきたのはベトナムの伝統だ」とハノイの党事務所で語った。

物語の作り手は言うまでもなく、国家権力や象徴の権威を笠に着て利用したがる「為政者の取り巻き」や「後継の権威主義者たち」だ。ホー自身についてはプライバシーの詳細は分かっていないことが多い。誕生日についてさえ諸説ある。祭られたり祝われたり、注目されたりするのが極端に嫌いな人だったと言われている。

戦後の南北統一を受け、サイゴンがホーチミン市と改名されたことについて、本多勝一は「実に馬鹿馬鹿しい……本人が生きていたら反対しただろう」と怒りを露わに書き綴っている（『本多勝一集第13巻　ベトナムの戦後を行く』「解題」の中の「仰天サイゴン」より）。

独自経済モデルの模索

ベトナム戦争がカリスマに指導されたものではないとしたら、死者300万人とも言われる、あの過酷な抗米戦争を遂行してきたベトナム人民を支えたもの＝戦時思想とは何だったのか？　古田はそれを「貧しさを分かちあう社会主義」だと言う。そして戦後の経済立て直しで市場原理を導入した1980年代以降のドイモイ（刷新）政策を支える思想を「豊かになれる者から豊かになる」ことへの転換・容認だったとする。

ドイモイは市場原理の導入であるとともに、資本主義国からの外資の導入も意味する。市場原理の導入のかなりの部分は資本主義化と同義であり、経済発展をめざせば社会主義の理念と矛盾する格差も搾取も生まれる。が、ドイモイを選んだ共産党幹部のホンネは「飢え死にするより搾取される方がマシ」（ドイモイ初期に古田が直接聞いた駐日ベトナム大使の言葉）というものだった。

つまりベトナム戦争後、旧ソ連の「普遍型」社会主義政策、あるいは中国の「合作社」式の農業政策を教条的に推進した結果、目の前の現実がそれだけ厳しいものになっていた。そして、「資本主義」化を認めた以上、一緒に入ってくる資本主義の弊害もまた、政権を担当する共産党中央においても「織り込み済み」だったという。

緩い定義で分裂避ける

今回の一連の取材でも、「ドイモイの行き過ぎ」（前章でのチャン・ティ・ヒエンの指摘）や、「ドイモイの不徹底」（「第二、第三のドイモイを」「文学など文化分野でもドイモイを」という作家グエン・ゴックの主張）など、方法論では両側からの批判はあったが、ドイモイそのものを「なかった方がよかった」と否定する声は聞けなかった。

それはなぜか？　古田は著書『ベトナムの現在』（講談社）の中で「ドイモイを始めたのは誰か」との問いを立て、その理由に言及している。「貧しさを分かちあう社会主義」＝戦時社会主義から訣別する選択をしたのは、政権を担う共産党というよりも、民衆の側＝「より具体的には農民だった」から、というのだ。

ベトナム政府はドイモイを選択せざるを得ない現実の中でベトナム独自の社会主義モデルを模索し始めたのだが、「貧しさを分かちあう社会主義」に代わる「社会主義の既成のモデル」は当時も今も存在せず、「模索の段階」なのだ。

共産党政権はドイモイ後も「社会主義を堅持する」というタガをはめてはいたが、それゆえにこそ改革として中途半端な面も多々あった。皮肉なことに官僚制の矛盾が生む汚職や腐敗の蔓延も、その一つだ。目標として堅持すべき「社会主義」の定義についても、党内部で多様な見解が並立するようになる。そして1990年代に入り、柔軟な妥協策が編み出される。

「社会主義の中身をできるだけ緩く定義することで、社会主義とは何かという見解対立が党内分裂を生まないようにした」（古田）。91年6月の第7回党大会で「全方位外交」が打ち出され、95年のASEAN（東南アジア諸国連合）への正式加盟につながる。92年4月の憲法改正で「プロレタリアート独裁」を削除し、社会主義色を薄めた。

新自由主義の弊害

ドイモイ開始から三十数年。経済だけでなく政治・社会・文化芸術面でのドイモイも必要だろう。そのことで解決できる問題も多い。しかし、ドイモイ自身が新自由主義の弊害＝マネタリズムと結びついた格差と搾取の拡大、国際資本の支配などを必然的に招き入れる――という現状まで、党幹部は本当に「織り込み済み」だったのだろうか？

現在のベトナム共産党の政策には、旧ソ連の社会主義モデルの名残りもあれば、日本よりもはるかに新自由主義的なものもある。後者の教育面での具体例として、古田は次のようなエピソードを紹介してくれた。

「ベトナム政府は大学の公的資金からの自立を強く進めています。日本の大学法人化と同様の流れですが、日本よりはるかにラジカルです。公的資金から自立すれば、大学は公権力による規制からは、より自由になる」
「その意味で大学は自由化・自主化する。日本は私立大学といえども助成金制度で公的な資金が相当に入っている。ベトナムの私立大学はゼロだから、カネさえあれば相当思い切ったことができる。教職員の給与もかなり高く保証できます。そうした手法で国公立大学から優秀な教員を引き抜いている私立大学も少なくないのです」

非政党の前議員に聞く

西側報道では「一党独裁」などと批判されるベトナム政界ではあるが、定数500のベトナム国会の中で近年1割程度の比率を占めてきた非共産党の無所属議員の存在と活躍が目立つ。

ズオン・チュン・クオック前議員（76歳）もその1人だ。近現代史を専攻する歴史学者であり、政界に転じる前はベトナム歴史研究所副所長やベトナム歴史家協会事務局長などを歴任。メコンデルタのベンチェ省出身だ。2002年に初当選し、1期5年の議員を4期20年務め、一昨年22年に引退した。

国家主席、首相、閣僚ら政府首脳への国会議員による信任投票制度を推進する改革派議員として、12年末には汚職対策や経済運営の不手際を理由に国会史上初めて、当時のグエン・タン・ズン首相の辞任を求める演説をしたり、国会の権力監視機能の強化（三権分立の強化）や公民（国民）のデモをする権利など、社会主義政権下での市民権・自由権にあたる人権の拡大・保障に尽力したりしてきた。

ハノイのズオン前議員の事務所での一問一答を紹介する。（通訳・鈴木勝比古）

――ベトナムの社会主義の特質を歴史的に検証する論考をまとめられたとうかがいました。

ファン・ヴァン・ドン首相にインタビューする本多勝一（左）。本多のスーツ・ネクタイ姿はきわめて珍しく、貴重な写真だ。右はカメラマンの石川文洋氏。（提供／石川文洋氏）

（2022年）9月2日の独立記念日に合わせ、地元の『労働新聞』紙上に発表しました。要約すると1945年8月、ベトナムを軍事占領していた日本の無条件降伏のあと、ベトミン（ベトナム独立同盟）による一斉蜂起で「8月革命」が成功しました。9月にホー・チ・ミン主席が「ベトナム民主共和国」の独立を宣言。その後1年をかけて憲法を始めとした近代国家の法体系を整備し、ベトナムはフランスの植民地支配、日本のファシズム支配、旧来の封建主義に終止符を打ち、欧米と同じ市民的自由、宗教・信仰の自由も含め、女性の権利の尊重、民族の平等をうたった近代国家として独立したのです。

　ホーがめざしたのはデモや集会で政治的意見を表明する自由から、新聞・出版の自由までもが保障された近代市民社会でした。外交政策でも各国の自主独立を尊重し、平等・対等の関係を結ぼうとした。つまり、自由・人権を礎にした欧米型の平和国家として国際社会にデビューする政治的枠組みはできていた。ところが、欧米・西側はホーが共産主義者であるとし、ベトナム全土を共産化させてはならないとの考えで、南部も含めた民族国家としてのベトナム独立を認めなかったのです。

　46年末にフランスとの戦争＝第1次インドシナ戦争が始まります。当時は東西冷戦時代。ベトナムは必然的に社会主義諸国の東側に組み込まれた。が、東側の中でも中ソ対立が激化。ベトナムは社会主義大国のどちらにも与《くみ》せず、うまく中立の立ち位置を守り抜きました。

戦時継続で人権の後退

――独立戦争に勝利して人権面で後退したのはなぜですか？

1975年4月のサイゴン解放により、独立と南北統一を実現したのですが、人権に関しては45年の独立宣言、46年の最初の民主共和国憲法制定時よりは後退を余儀なくされ、米英仏中ソの核大国による思想支配などの矛盾を孕む社会になっていきます。

1945年以来30年間の戦争が、指導者の考え方を変えてしまった。そして戦後の土地改革、大きくなった自主営業の権利の主張や反動文化・退廃文化への対応の中で、憲法に規定されたさまざまな基本的人権や自由が損なわれてしまったのです。

――ベトナム戦争後もソ連式の普遍型「社会主義」政策を適用したことと関係がありますか？

というよりも、ベトナム戦争終結後も、本来ならば戦後復興に専念すべき時に、アメリカによる反共のための経済制裁が90年代半ばまで続き、ベトナムを苦しめました。特に77年のクメール・ルージュ＝ポル・ポト政権とのカンボジア国境戦争、さらに79年の中国によるベトナム侵攻など、新しい戦争が続いたことで戦時の政治体制を継続せざるを得ず、再び自由と人権の後退を余儀なくされたのです。

この時期はサイゴン軍兵士や傀儡政権を支えた官僚・市民への「再教育」＝社会復帰教育にも注力せざるを得ず、海外に逃げる難民が増えてボートピープルとなり国際問題化した。欧米だけでなく、隣国の中国・カンボジアという社会主義陣営の国々までもが敵対し、ベトナムの国際包囲網ができてしまいました。

非政党国会議員のズオン・チュン・クオックさん。

反革命や反動への警戒が党指導部に強まり、さらなる自由・人権の制限につながった。戦後の官僚制強化も、人権へのマイナスをもたらしました。90年代に入るとソ連の崩壊というもう一つの危機的要素も加わり、東南アジアの「社会主義」小国は孤立を深めました。

——そんな状況に危機感を抱き警告を発してきたわけですね？

一人の歴史家としてね。公民としての義務ですから。が、今やベトナムをめぐる国内外の情勢も安定し、東南アジアでの地域戦争の危機も遠のき、後退した人権と自由を取り戻す条件が整っている。ドイモイは経済刷新だけでなく、自由・人権を改善するためでもあります。

私も今の２０１３年憲法の改正審議には参画しましたが、人権条項は十分なものになるようにと気を遣いました。デモや集会の自由はもちろんのこと、住民投票制度も盛り込みました。この制度に基づいた住民投票はいまだ実施はされていませんが……。

官僚劣化で汚職蔓延？

前述したように「人権を保障すると反政府勢力に利用される」との政府の恐れが、いまだに自由・人権の退化につながっているのも事実です。一方、汚職の蔓延は政府・官僚機構の劣化が原因で、官僚が本来の機能を果たしていないからです。

——差別や搾取をなくすという社会主義の理念を掲げた体制の中で、なぜ汚職が蔓延するのか、いま一つ、

よく分かりません。日本でもアメリカでも汚職は蔓延しています。官僚制の劣化というよりも官僚制の強化で権力集中が生まれ、腐敗が進むのではないでしょうか？

確かに汚職をするには権力が必要です。しかし、汚職を取り締まるのも権力で、ベトナムには強い政治権力があり、取り締まりもしやすい国です。

最近では新型コロナ対策に絡む相次ぐ汚職事件の責任を取って、前の国家主席と２人の副首相が任期途中の23年１月に辞任しています。コロナ検査キットの価格水増しによる賄賂を受け取っていたとされる元閣僚ら１００人以上が逮捕された事件などへの引責とされています。官僚制の劣化か過剰強化かの因果関係は別にして、こういう汚職の現実があるのです。

――西側諸国の大手メディアなどは、ベトナムが一党独裁の国家だと批判していますが、ベトナム国会も複数政党制、多党制にした方がいいと考えますか？

私は党員ではないので、その議論には参加しません。各国それぞれに政治体制には歴史があり、事情が違います。たとえば私のような非政党議員は12年当時12％＝60人いたのですが、私が引退する22年には８％＝40人に減っています。共産党政権は非政党議員を増やす政策を掲げていますが、実際に選挙をやると、非政党候補者は落選して減っているのが現状なのです。

――日本では天皇の戦争責任に言及した政治家が右翼から短銃で撃たれたり、私の同僚だった『朝日新聞』記者は猟銃で射殺されています。ズオンさんは国会で政権を批判し、自由と人権の保障を求めたり、首相に辞任を要求しています。政府サイドからの弾圧や報復、あるいは民間からの脅迫や嫌がらせはありませんか？

私の20年間の議員・言論活動でそのような弾圧や圧力は一切ない。私はメディアのインタビューに対しても宣言していますが、自分のことを「反政府」や「対立派」ではなく「独立派」だとしています。私の基本姿勢は歴史家として、社会の公益に貢献したいということです。

――社会主義についてどう考えますか？　本多勝一も真の社会主義は地上のどこにも実現されていないとしていますが、古田教授が言うように今の国際社会の中で社会主義を掲げることには意味も希望もあるのでは？　ベトナムでは人権を尊重する社会主義の実現は可能なのでは？

私にも社会主義とは何か、分からないことが多い。党も書記長も社会主義の実現はずっと先のことだと言います。それは一つの理念で「今日よりもよりよい社会」を表しています。

君は社会主義を見たか

実際にある「社会主義」という言葉自体は、もはや神聖な言葉ではない。すでに多くの国が「社会主義」を名乗ったが、社会主義を見た者はいない。それぞれの国の人々によって意味も解釈も違うし、社会主義とは何かについて説明できていない。私たちにとってのより具体的な目標は平和、統一、独立、民主、豊かさを実現する国の建設です。しかし、こういう目標は資本主義国でもどんな政治体制でも掲げています。ベトナムの場合、共産党が「自分たちが指導してこれをつくる」と宣言しているわけです。

いかなる政治体制の下でも、誰が指導して理念的目標や民主的な権利が保障されるかが大事です。私は一党制か多党制かは特に重要な議論だとは思わないのですが、多党制の下でこそ民主的な権利を保障する条件ができるとの考え方も理解はします。

――表現・出版の自由については危機感をもっておられますか？

はい。この自由権についてはぜひとも実現したい。「言論・表現・出版の自由」はフランスの人権宣言を

朝夕のオートバイ通勤ラッシュに対して、環境保護家は「渋滞や大気汚染の元凶」などと非難するが、「われわれにはずっと自転車で我慢を強いるのか」とベトナム人は反発する。開発差別を考えさせる言葉だ。ホーチミン市内で。

基に「独立宣言」を起草したホー・チ・ミン主席が確立をめざしたものですが、ベトナムではこれら基本的人権の定義についても、議論を進めて統一的な見解を出していくのがこれからなのです。

――最後の質問です。ズオンさんが、共産党に入党しなかった理由を教えて下さい。

それは私の生い立ちと関係があります。私の父は抗仏戦争勃発時に、ベトミンに協力して侵略に抗う郷土防衛民兵の一員としてフランス軍に殺されました。私が生まれる直前です。しかし、母は資産家の家に生まれ、「恵まれていた」としてサイゴン陥落後の社会主義政権下では「再教育」の対象でした。資産も没収されました。これが私が共産党に入らなかった理由です。

最後の質疑については面会中に同じ趣旨で何度か尋ねたが、答えてくれなかった。帰り支度をしだした時、ズオンがまだ話したいと私たちを呼び止めたので、改めて切り出すと母親の話を明かしてくれたのだ。

祖国独立のために犠牲になった志願兵の息子であり、

ホー・チ・ミンを尊敬する政治家ズオンにとって、非共産党議員の立場は苦渋の選択であったに違いない。その苦渋はベトナムという国とそこで暮らす人々が「ベトナム人の顔をした社会主義」を模索する苦闘の姿に、私にはダブって見えた。

今回の旅ではベトナム社会に「多様性」と「豊かさ」をもたらしているズオンのような真の知識人に数多く出会えた。全日程を通訳として粘り強く同行してくれた鈴木は「戦争の中でも、その後の曲折の中でも、ベトナム人民は持ち前の明るさと知恵でその都度、賢明な選択をしてきた。これからも必ず……」と、その未来に期待する。

NOTES

▼深夜、古都ホイアンの旧市街を独り彷徨《さまよ》った。トゥボン川の畔では小学生が川流し用の灯籠《ランタン》を売っていた。私の大嫌いな生まれ故郷の京都と同様の、外国人観光客相手の「幻想的な舞台作り」だ。

一人の少女が「灯篭はいかが」と英語で語りかけてきた。昔、死者を弔うための灯籠は、地域の人たちが総出で祭りの夜に手作りしていたが、今は観光資本がプラスチックで大量生産し、子どもに売らせている。不意に涙ぐんだ私に少女の方が驚き、私を見つめ返してきた。彼女の手の中に未来の光があることを祈りつつ、私はホー主席の肖像がある2万ドン札を渡し「写真を撮らせて」と頼んだ。

仲間とベトナム料理屋で合流した。フランス人客でごった返す店内には古いピアノ。誰かがショパンを弾いていた。ふと窓の外を見ると、しわくちゃになった紙幣を握りしめた少女がじっと耳をすましていた。川面に故郷喪失のショパンが流れていく。

11 「貧しさを分かちあう社会主義」から「豊かになれる者から豊かになる」へ

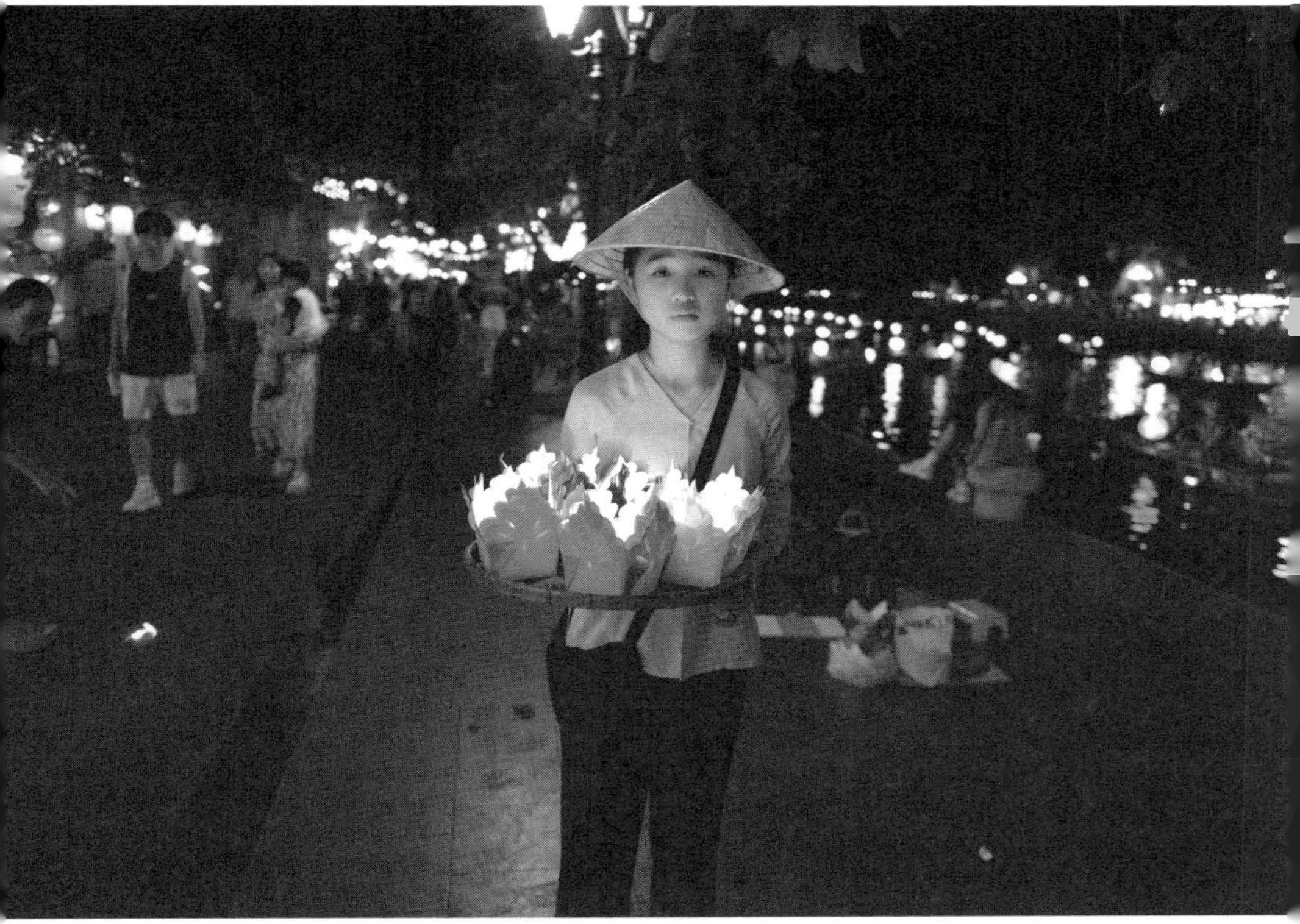

エピローグ　ベトナムへの旅の原点

旅を続けてきた。ベトナムを巡る旅を……。終わりのない旅である。ジャーナリズムとは何か、そして自分の生き方を問う旅なのだから……。

あの戦争は、いったい何だったのか？　確かにベトナムだけの戦争ではなかった。もちろん、ベトナム人民にとっての意味と、日本の民衆にとっての意味とは違うし、共産主義や社会主義の評価によっても大きく違うが、同時代に生きた誰にとっても、戦争との向き合い方には共通の課題があると思う。戦争のある世界の一隅に生まれてしまった人間にとって、被害の側に生まれ落ちようと、加害に加担させられて生き延びるしかなかったにせよ、戦争差別の現実から確実に逃げ延びることは難しい。ならば逃げずに、向き合うしかない。

私が、ベトナム戦争とは何か？を考えることは、もちろん、本書の終盤でも考えたように、ベトナムが戦争と革命で掲げた社会主義とは何か？を問うことでもあったが、それは同時に、必然的にジャーナリスト本多勝一の背中を追いながら、自分の取材手法や生き方を点検することでもあった。

◇

しかしながら、私がベトナムを旅しながら書き始めたこの本は、ベトナム戦争の歴史を検証するように見えても、あくまで個人史を書いている。もうお分かりのように、そしてほとんどは、女たちとその生き方を描いている。男を書くにしても、グエン・ゴックや秘密運搬船の船長たちのように、彼らが最も大切にし、生き方の指針としてきたその恋と恋人を書いている。

問われているのは一人ひとりの生き方であり、戦争に、もっとはっきり言うならば侵略者に奪われてしまった自分の人生への向き合い方であり、その個人史の集積が歴史を変えていく原動力だと考えるからだ。ベトナムが帝国主義者、植民地主義者に勝利できたのは、一人ひとりのベトナム人が、類まれなる真摯で高貴な人間たちだったからだ、とつくづく思う。

旅の原点に戻ろう。

どうも、やはり、こうした思考の原点は、本多勝一にあるようだ。彼の数多の著作の中でこれこそ「本多ジャーナリズム」の源だと思う短編がある。『殺される側の論理』（朝日新聞社刊）の冒頭にある「母親に殺される側の論理」だ。

「いつか、あのことを両親にくわしく聞きたいと思っているうちに……」と書き始め、彼の父も母も相次いで急死してしまい、「私にはもう少年時代のぼんやりした記憶を頼りに、妹の伝聞を傍証するくらいしか方法がなくなりました」と続く。

オマエは一体何者なのか

そう、「あのこと」。本多の母は「坊（勝一のこと）が寝とるあいだ」の深夜に、ＣＰ（脳性マヒ）障害者の妹を含めた2人の妹だけを乳母車に乗せて天竜川で「心中」しようとしていたことを知ってしまった――その日の思いを綴った文章だ。

本多は１９６６年末からベトナム戦争の現地取材を始め、「殺される側」と「殺す側」の現場を冷徹に観察した。秀逸なルポルタージュを次々と発表してきた本多にとって、これはまれにみるセンチメンタルな書きぶりにも見える。

しかし、それは違う。本多は戦場を「客観的に」報道したのではなく、目の前の現場で起きている虐殺を、自己が形成された、生まれ育った環境の問題としてはどうなのか——自らに立ち返り、とらえ直していたことが、この文章でよくわかる。

新聞記者を名乗る「お前」は「いったい何なのか」と、本多は取材している人々から、特にベトナムの現場で「否応なしに問いかけ」られていたのだ。「結局は『殺す側』の走狗なのか……」と。だからこそ、米軍の従軍記者をしつつ、常に「侵略される側」のベトナム解放軍に同行することを試み続けた。

私も朝日新聞社に入って本多の後輩記者となり、いくつかの仕事を手伝う者の一人とはなったが、自らの立ち位置について、こんなにも誠実に向き合ったジャーナリストを、社内外を含めてほかには知らない。この文章は月刊誌『潮』1974年11月号に発表されているが、私が初めて読んだのは『殺される側の論理』が文庫版になった82年初頭である。

当時、私は記者3年目の岩手県・盛岡支局員として、本多もルポルタージュを発表している北上山地の山中にある小学校——そこにあった普通学級に「実力登校」していた障害児の運動＝CP当事者と支援者たちの運動を取材。私は新聞だけでなく初めて『朝日ジャーナル』などにも執筆していた。

障害児だけを特別学校に分離して行われる教育を批判し、実践の現場から抵抗する——そしてその運動の核心であった「青い芝の会」の思想をまさに学び始めたばかりだったから、本多勝一の「母親に殺される……」これを読んで身が震えた。

そのことを2023年夏、『週刊金曜日』で連載するベトナム旅行の前に再読し、改めて思い出した。

（この原点を、長年失念していた我が身の体たらくを恥辱として今、嘆いている。）

拒み続けた非合理

今の大手新聞には、部落差別を告発する記事を書きながら、天皇や皇室に特別敬語を使う記事も、自己分裂も感じずに平気で上手に書き分けられる「エリート記者」が有象無象にいる。そんな中で本多は商業新聞『朝日新聞』の記者としても、天皇について特別敬語を使うようなことは一切拒み、様々な不合理な表現の制約や悪慣習と生涯闘い続けた。

たとえば『朝日』に入社すると、まずは地方に出されてサツ回りと呼ぶ警察・事件担当記者をし、交通事故や火事、窃盗容疑者の逮捕、ときには殺人事件などを取材して「定型記事の書き方」を学び、記者としての基本動作を身に着けることになっている。「事実（ファクト）を客観的に書く訓練をする」というのが、地方配属前に本社で受ける研修でのタテマエだ。

別に本多勝一でなくとも合理的に考えればすぐに分かることだが、これはウソである。

ほとんどの新人記者にとっては、５Ｗ１Ｈは警察発表のまま書き写してたれ流すのが精一杯で、交通事故でも現場に行って確認する余裕などはほとんどなく、逮捕事件でも被疑者側の言い分を取材して書くことなど、まずない。商業新聞が権力批判で判断停止になる際の言い訳に使う「両論併記」すら、まずない。

本多は若い記者時代にこのことを手記で告発し、テキパキと仕事をこなす「よきサツ回り」としては「失格」の烙印を、先輩たちから押されていた。（著作『職業としてのジャーナリスト』や『朝日』幹部の証言）

盛岡支局で新米記者だった私も、そんな本多に習って元号は使わずに西暦で原稿を書いたり、警察に逮捕されただけで呼び捨てにする当時の規則に逆らって敬称を付けたりしていた。

もちろん本多の原稿もそうだったように、私がいかに合理的な表現を使っても、記事になる前にデスクが新聞社ルールに直していくから、私たちの掲げる理想の新聞はできないが、これは後に実現する「新しい新聞」→『週刊金曜日』の発刊構想につながっていく。

本多と同じような合理的思考と疑問をもった同僚は当時も決して少なくはなかったが、そんな抵抗には、私がそうされたように一部上司や先輩記者から「狂っている」「お前なんか辞めろ。代わりはたくさんいる」などと罵倒され、多くの同僚は「無駄な抵抗」とあきらめて、「凡庸の隊列」の中に落伍していくのが現実だった。

私は、といえば「尊敬する本多勝一に辞めろと言われたらショックだが、アンタらに言われてもね。元号が差別制度である天皇制の象徴であり、不便で非合理なのは明らかで、朝日新聞も将来、西暦表記に統一され、天皇制もなくなりますよ」などと反論したりして、再び嘲笑されていた。

しかし、その後、西暦原則主義は『産経新聞』を除くほとんどの大手新聞に採用されるようになった。後者の天皇制はこの国では未だになくなってはいないが、君主制や王制の衰退はもはや世界の趨勢だ。

しかし、私たちは世界の趨勢が変わるのを待ってはいられないし、いま、ここに生きている私たちに必要なのはラリー・コリンズじゃないが、『今夜、自由を』の思想だ。真のジャーナリズムは、そのためにこそある。ジャーナリズムの本質は「殺される側」へのアンガージュマンである。

この本に書かれたベトナム戦争と革命を支えた女と男たちの頭上にも上ったであろう大きな大きな満月が、ホイアンの夜空に浮かんだ、10月の夜に

本田雅和

本田 雅和（ほんだ・まさかず）
京都出身。横浜国立大学経済学部在学中から猪狩章氏主宰のジャーナリズム研究会に所属し、在日朝鮮人問題、部落差別問題、冤罪事件、韓国政治犯などの取材を続ける。1979年、朝日新聞社入社、盛岡、前橋支局を経て東京本社社会部記者、週刊朝日記者としてアフガニスタンのソ連軍撤退、フィリピン新人民軍、ルーマニア革命、湾岸戦争、イラク戦争、パレスチナ難民問題などを取材。パプアニューギニア、グアテマラ、アマゾンなどで熱帯林破壊と先住民問題、エジプトやザンビアで人口・開発問題の調査に参加。2007年北海道夕張臨時支局、2010年10月から札幌勤務。2012年福島市の福島総局のち南相馬支局長。2020年朝日新聞社退社、現在『週刊金曜日』編集部。著書に、『巨大都市ゴミと闘う』（1990年　朝日新聞出版）『環境レイシズム：アメリカ「がん回廊」を行く』（共著　2000年解放出版社）『原発に抗う』（2016年　緑風出版）等がある。

ベトナム戦争　匿《かく》されし50年の検証

2025年1月31日　第1刷発行　（定価はカバーに表示してあります）

著　者　　本田　雅和
発行者　　山口　章

発行所　風媒社
名古屋市中区大須1丁目16番29号
電話 052-218-7808　FAX052-218-7709
http://www.fubaisha.com/

乱丁・落丁本はお取り替えいたします。　＊印刷・製本／モリモト印刷
ISBN978-4-8331-1163-8